Le Miel

Les Carnets gourmands

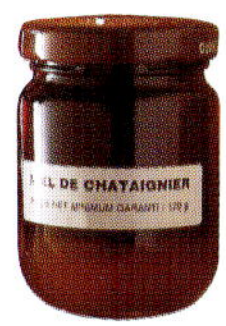

Annie Perrier-Robert est vice-présidente de l'Association française de la presse gastronomique et touristique et membre de l'Académie française du chocolat et de la confiserie. Spécialiste de l'histoire de la gastronomie, elle est l'auteur d'une vingtaine d'ouvrages, dont *Le Chocolat, Les Biscuits* et *Le Thé,* aux éditions du Chêne.

Dans la même collection :

Carnets gourmands	*Carnets du chineur*	*Carnets de la mode*	*Carnets de l'art*	*Carnets du jardin*
Les Biscuits	Les Arts de la table	Les Dessous	Van Gogh	Le Roman des roses
Les Bonbons	Les Années 50	Les Maillots de bain	Monet	Les Plantes et leurs symboles
Le Chocolat	Kitsch			
Les Épices				
Le Café				
Le Thé				

Annie Perrier-Robert

Le Miel

Les Carnets gourmands

ÉDITIONS DU CHÊNE

Sommaire

Page de gauche
La Récolte du miel, manuscrit français du XVe siècle. Bibliothèque Estence, Modène.

Introduction

« Nourriture de vie » des Anciens qui y voyaient un signe du divin, denrée biblique chargée de toute une symbolique, aliment indissociable du paradis que le texte coranique promet aux fidèles… le miel est marqué au sceau du sacré. Il est de ces produits de la nature que l'homme a découverts dès l'âge des cavernes et dont il a, de tout temps, recherché la saveur. Du miel sauvage au miel du rucher, l'évolution des rapports entre l'apiculteur et l'abeille a permis de décliner la substance si « miraculeusement » élaborée par l'insecte en d'infinies nuances de parfums et de goûts. Si miel et sucre se sont, des siècles durant, disputé le domaine des douceurs, cette rivalité appartient désormais au passé. Certes, le miel a quelque peu pâti de ce conflit instauré par les enjeux économiques et n'a pas toujours bénéficié de l'aura qu'il mérite. Mais aujourd'hui, à une époque où, las des artifices, l'homme redécouvre ses vertus éminemment salutaires, le miel connaît un succès croissant, auquel contribue le savoir-faire artisanal des serviteurs de l'abeille.

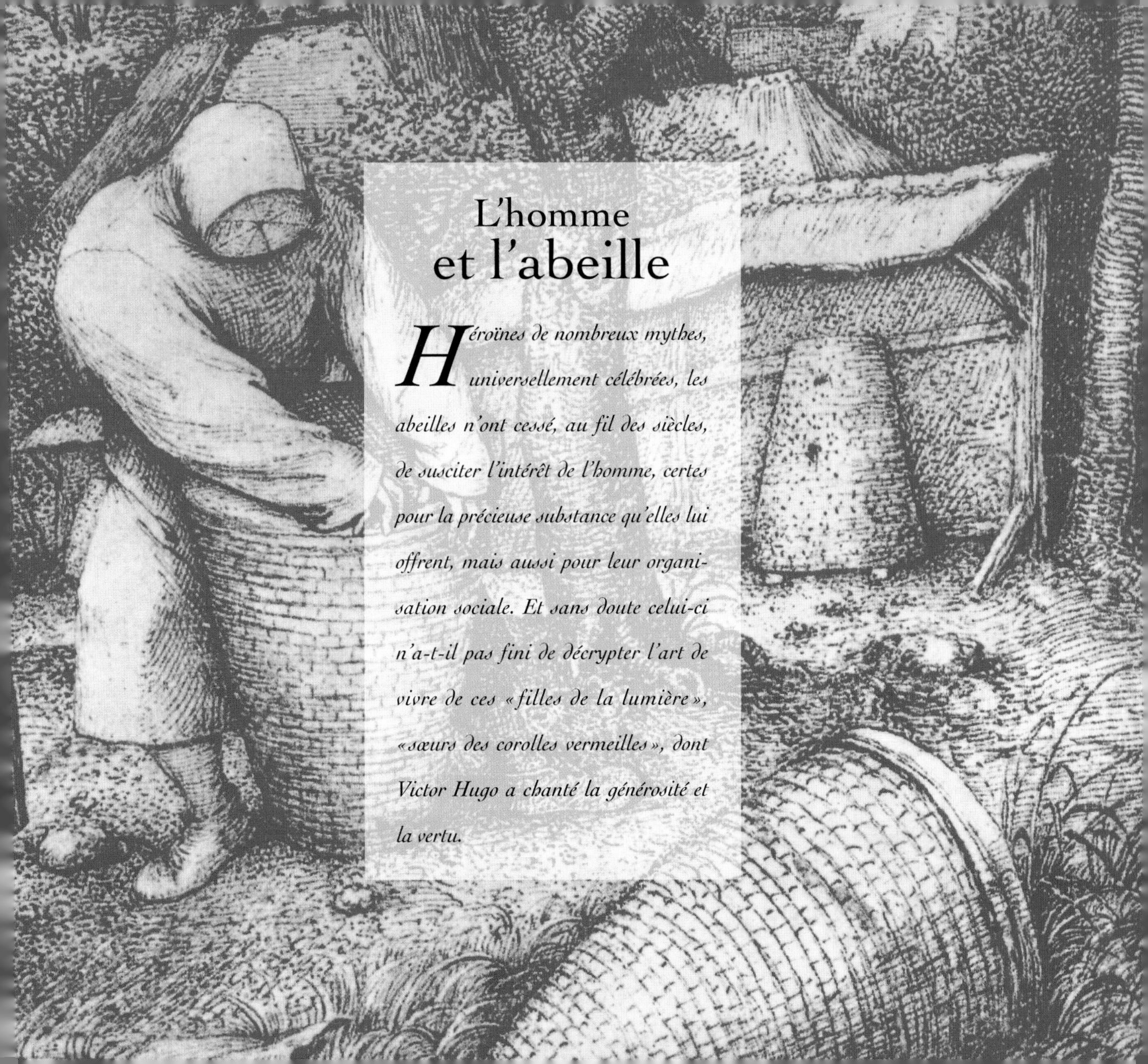

L'homme et l'abeille

Héroïnes de nombreux mythes, universellement célébrées, les abeilles n'ont cessé, au fil des siècles, de susciter l'intérêt de l'homme, certes pour la précieuse substance qu'elles lui offrent, mais aussi pour leur organisation sociale. Et sans doute celui-ci n'a-t-il pas fini de décrypter l'art de vivre de ces « filles de la lumière », « sœurs des corolles vermeilles », dont Victor Hugo a chanté la générosité et la vertu.

Les abeilles de Virgile

Le miel se perd dans la nuit des temps, et par là même, l'origine de l'abeille demeure auréolée de mystère. Mais que de prestigieuses légendes autour de cette substance sucrée, infiniment douce au palais !

Ci-dessous Jean-Michel Moreau (dit le Jeune), *Le Désespoir d'Aristée*, XVIIIe siècle.

Au cœur des mythes

Zeus, le dieu des dieux, qui apprécia tout au long de son enfance le plus réputé des miels, celui du mont Ida, aurait montré sa gratitude aux généreux insectes en les habillant de jaune d'or et en les rendant insensibles aux intempéries. Aux abeilles est aussi associé le personnage de Mélissa, prêtresse de Déméter, qui fut lapidée par ses voisines pour avoir refusé de leur révéler les secrets de l'initiation et dont le corps engendra un essaim d'abeilles.

Le tout premier apiculteur

Mais c'est surtout au mythe d'Aristée, fils d'Apollon et de la nymphe Cyrène, que renvoie l'histoire fabuleuse des abeilles. Au quatrième livre des *Géorgiques*, dans lequel il traite de ces insectes, Virgile ne manque pas d'en donner la relation. Élevé par les nymphes, Aristée avait appris d'elles l'élevage des abeilles et s'y consacrait avec passion. Mais le jour vint où tout son cheptel quitta le rucher. Désespéré, désireux de connaître la raison de ce malheur et de reconstituer les essaims, le berger alla, sur le conseil de sa mère, consulter le dieu marin Protée, auquel Poséidon avait accordé le don de divination. Ce devin étant difficile à aborder en raison de ses métamorphoses successives, Aristée joua de ruse et le surprit pendant son sommeil pour parvenir à le maîtriser. La cause de la perte de ses abeilles lui fut alors révélée : il s'agissait là de la vengeance de nymphes, compagnes d'Eurydice. En effet, épris d'Eurydice, Aristée l'avait poursuivie le jour de ses noces avec Orphée, et, en fuyant, la nymphe avait été mortellement piquée par un serpent d'eau dissimulé dans les herbes – là se greffe le mythe d'Orphée allé chercher son épouse aux Enfers.

Ci-contre Lucas Cranach (dit l'Ancien), *Vénus et l'Amour piqué*, 1527.

Double page précédente Pieter Bruegel (dit l'Ancien), *Les Apiculteurs*.

DE LA LÉGENDE À LA THÉORIE

Pour apaiser les nymphes, Aristée dut leur offrir un sacrifice et fit immoler quatre jeunes taureaux. Des cadavres jaillit alors une nuée d'abeilles, ce qui permit au berger de reconstituer ses ruches. À partir de cette fin heureuse, les Anciens crurent élucider un point de la vie des abeilles qui était obscur, celui de la génération : l'abeille naissait des chairs putréfiées d'un taureau ou d'un bœuf. Seul Aristote ne prêta pas foi à cette théorie, qui devait rester en vigueur des siècles durant – en France, elle ne fut réfutée qu'à la Renaissance. Comme l'écrit Philippe Marchenay, « on s'est donc contenté, pendant très longtemps, de confondre mouches (nécrophages) et abeilles. Après tout, ceci n'étonne guère : combien de personnes, aujourd'hui encore, confondent guêpes, syrphes, abeilles et mouches ? »

Une curieuse recette

Dans les *Géorgiques*, Virgile, fidèle aux croyances de son époque, donne la « recette » pour obtenir des abeilles. Un petit local éclairé par quatre fenêtres orientées aux quatre points cardinaux, un jeune taureau, un lit de thym et de sarriette fraîche pour y coucher la bête, que « l'on meurtrit [...] de coups, sans déchirer la peau » et qu'on laisse ainsi, enfermée en ce lieu clos... Il ne suffit plus que d'attendre. « Pendant ce temps, la chair, échauffée jusqu'aux os, fermente et l'on voit alors, chose merveilleuse, se rassembler des êtres d'abord sans pieds, puis munis d'ailes, au bourdonnement strident, qui prennent de plus en plus possession de l'air jusqu'à ce qu'enfin ils s'élancent comme les gouttes d'eau d'une pluie d'été. »

Les premiers âges du miel

« Le rayon de cire fraîchement
récolté distille pour moi
le miel de l'Attique à l'odeur
de nectar ;
de la rosée aérienne et du thym
aux branches fines
l'extrait l'abeille travailleuse,
qui ne connaît pas
les liens de l'hymen. »
Prudence,
Cathemerimon Liber, *IV*e *s.*

Ci-dessous
La contribution d'Aristote à la connaissance des abeilles et de leur vie sociale fut essentielle. Le XIXe siècle devait confirmer ses observations.

Le goût du sucré

Nous savons que les hommes de la préhistoire consommaient le miel sauvage grâce à des peintures rupestres qui nous sont parvenues, la plus célèbre étant celle qui fut découverte en 1919 dans les montagnes de la région de Valence. Témoignant aussi de l'âge néolithique, un gisement de Turquie d'Asie, daté de 6500 av. J.-C., a révélé une peinture représentant le cycle de l'abeille, avec un rayon de miel, des larves et des insectes ailés. Sans doute est-ce l'observation d'animaux mellivores, tel l'ours, qui a permis à nos lointains ancêtres de découvrir cette précieuse denrée. Mais qui eut l'idée de domestiquer les abeilles ? On ne sait. Trois millénaires avant notre ère, les Égyptiens de l'Ancien Empire connaissaient le miel et en tiraient une boisson fermentée, l'hydromel ; ils pratiquaient l'apiculture, comme l'attestent des gravures mises au jour dans les tombes pharaoniques.

Ci-contre
La cueillette du miel sauvage en Afrique du Sud, d'après une peinture rupestre. Un chasseur de miel grimpe, à l'aide de lianes ou d'une échelle, vers une colonie d'abeilles.

À la même époque, le miel « domestique » était aussi, semble-t-il, connu en Mésopotamie. Les Hittites du Hatti (l'actuelle Cappadoce) maîtrisèrent l'élevage des abeilles dès le milieu du deuxième millénaire.

Le mystère de l'abeille

Tant elle est fascinante, l'abeille a, depuis l'Antiquité, hanté l'imagination de l'homme. Il n'est de poète qui ne l'ait célébrée ; les plus belles envolées lyriques lui ont été dédiées. Il n'est de naturaliste qui n'ait cherché à percer ses secrets – des secrets qui se sont longtemps refusés à l'investigation humaine. Certes, au IVe siècle avant notre ère, Aristote fut véritablement le premier à étudier avec une certaine rigueur l'anatomie et le comportement

L'abeille

« Sur le vert Hymette,
Éros, un matin,
Dérobait du miel
à la ruche attique,
Mais, voyant le Dieu
faire son butin,
Une prompte abeille
accourt et le pique.
L'enfant tout en pleurs,
le Dieu maladroit,
S'enfuit aussitôt,
souffle sur son doigt,
Et jusqu'à Kypris vole
à tire-d'aile,
Oubliant son arc, rouge
et courroucé :
Ma mère, un petit serpent
m'a blessé
Méchamment, dit-il,
de sa dent cruelle.
Tel se plaint Éros,
et Kypris en rit :
– Tu blesses aussi, mais
nul n'en guérit ! »

Leconte de Lisle,
Poèmes antiques.

À gauche
La récolte du miel n'était, autrefois, pas sans danger… Gravure sur bois, d'après Olaus Magnus : *Histoire des peuples nordiques*, 1555.

Le miel de l'Hybla

« Heureux vieillard ! Au bord
d'un ruisseau bien connu,
Sous l'ombre fraîcheur
des fontaines sacrées,
Les essaims de l'Hybla
gorgés de fleurs sucrées
T'invitent au sommeil
d'un bourdon continu... »
Virgile, *Bucoliques*.

des abeilles, et ses écrits sur le sujet devaient faire date. Sur ses traces, d'autres études furent menées par Pline, Varron, Columelle, Virgile..., mais elles n'apportèrent rien qu'Aristote n'avait déjà avancé. Les connaissances étaient, pour le moins, sommaires. Comment l'abeille respirait-elle, se reproduisait-elle... ? En revanche, on perçut très tôt que la ruche était organisée sous la férule d'un roi – ce n'est qu'au XVIIIe siècle qu'on découvrit qu'il s'agissait d'une reine.

« Le miel aérien, présent céleste »

Virgile n'était pas le seul à croire que le miel tombait du ciel, telle la rosée. De nombreux naturalistes se firent poètes en formulant la même idée... Mais

Ci-contre
Étagées sur une pente ensoleillée, ces ruches sont faites de troncs d'arbres creusés et couverts d'une dalle de pierre.

En haut
Récolte du miel. Manuscrit du XVe ou XVIe s.

Page de droite, en bas
L'abeille sauvage serait originaire d'Inde, bien que l'espèce soit représentée sur les tombes pharaoniques.

Page de droite
Au secret des alvéoles, la précieuse substance...

au-delà de la connaissance confuse qu'ils en avaient, Grecs et Romains aimaient particulièrement ce délicat produit sucré, qu'ils mangeaient seul, avec du lait ou incorporé à leurs préparations culinaires. Aux yeux des Grecs, le miel d'Attique était réputé pour être le meilleur. Quant aux Romains, les miels de la Péninsule ne leur suffisant pas, ils en importaient aussi de Grèce et de Sicile.

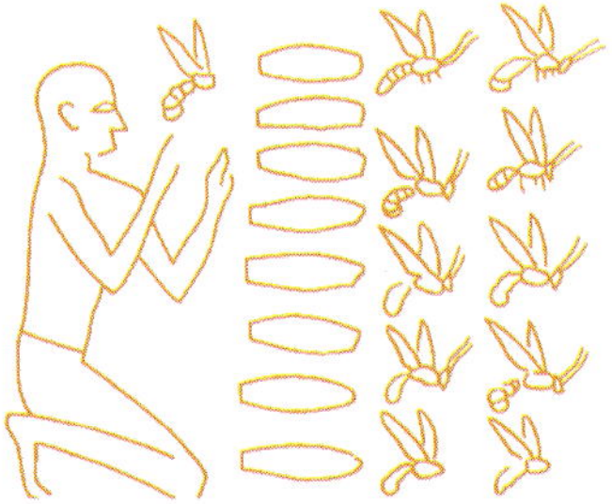

La découverte des abeilles

Si l'« exploitation » de l'abeille remonte à l'Antiquité, elle resta longtemps rudimentaire et ne s'enrichit que peu à peu des recherches effectuées sur l'insecte. Jusqu'au XVIe siècle, elle se contenta des observations des Anciens.

En haut
Virgile montre un rucher à un mécène. Bois gravé illustrant une édition lyonnaise du XVIe siècle des *Géorgiques*.

Page de droite
La capture d'un essaim. Planche des *Venatrones* de Jean Stradan, fin du XVIe siècle. Musée Carnavalet.

DES SIÈCLES DE TÂTONNEMENTS

Au XIVe siècle, Pierre de Crescens prodigua des conseils quant à la conception des ruches, indiqua les plantes odoriférantes et les arbres qui avaient la faveur des abeilles. Sans doute n'était-il pas rare alors que le miel présentât une saveur désagréable, car l'enfumage qui accompagnait la récolte se faisait souvent en brûlant de la bouse de vache et du galbanum.

Dans son *Théâtre d'agriculture et mesnage des champs* (1600), Olivier de Serres consacra une longue étude aux « mousches-à-miel », à l'implantation et à la conduite de l'« apier » (rucher), ainsi qu'aux « plantes salutaires » qu'il fallait mettre à la disposition des abeilles. Il fut le premier à avoir l'idée de

Phls Gall excud.
Ioannes Stradanus inuen.

De la « bonté » du miel

« Par tout pays, le miel n'est indifféremment de mesme bonté, ni de semblable marque, pour les diverses fleurs, sur lesquelles les abeilles cueillent la rozée, communiquans au miel leurs facultés. Le bon miel est de couleur dorée ou blanche, reluisant, sentant bon, doux au goust : en son commencement estant liquide, mais coulant de telle sorte, que son fil conserve sa continuité esgale, sans interruption : et estant gardé quelque temps, s'endurcisse, pour sa fermeté ne le pouvant tirer du pot, qu'à force, avec un cousteau ou autre propre instrument. C'est aussi signe de bonté au miel, quand il est facile à cuire, et cuisant, ne jette beaucoup d'escume ; le plus excellent estant celui qui en a le moins. Au poids aussi se cognoist la valeur du miel, le meilleur estant tousjours le plus poisant. C'est pourquoi, le plus exquis est celui qui séjourne au fond du pot [...] »

Olivier de Serres

la ruche expérimentale, pourvue d'une paroi vitrée. Et devant tant de savoir on ne peut qu'être étonné de retrouver sous sa plume une idée jadis chère à Virgile : « À ceci consentent les Antiques avec les Modernes, écrit-il, que des fleurs, la cire est faicte, et de la rozée, le miel : l'une et l'autre tant meilleurs se rendans, que plus délicates sont les fleurs, et les fueilles sur lesquelles chet la rozée ; de là prenans leurs bonnes qualités. »

La réfutation des théories établies

Il fallut attendre le XVIIe siècle et l'invention du microscope pour que l'étude des abeilles progresse véritablement. Les travaux du naturaliste hollandais Jan Swammerdam (1637-1680), puis ceux du Français René Antoine Ferchault, seigneur de Réaumur (1683-1757), eurent un grand retentissement. Le premier découvrit le rôle et le sexe de la reine, ainsi que le sexe des faux bourdons, sans toutefois percevoir que les ouvrières sont des femelles dont les organes de ponte sont atrophiés. Le second jeta les bases de l'apidologie moderne. Peu après lui, en 1761, Linné attribua à l'abeille le nom d'*Apis mellifica* (« abeille mellifique »).

Ci-dessous
Henri Hamet donne son cours au rucher du Luxembourg, en 1866.

Page de gauche
Le Miracle des abeilles, tapisserie du début du XVIe siècle. Abbaye de Ronceray, près d'Angers.

Ci-dessus
Portrait de Réaumur.

En haut, à droite
Une ruche au XVIIe siècle.

Ci-contre
L'éclosion de l'abeille.

En bas
La Coquette et l'abeille,
chromolithographie du XIXe siècle.

Page de droite
Cette gravure constitue un petit résumé de l'apiculture au tournant du XIXe siècle, avec les différents types de ruches, divers instruments et quelques techniques de capture ou de transport d'essaims.
La Nouvelle Maison rustique, 1804.

DES OBSERVATIONS D'IMPORTANCE

À la fin du siècle des Lumières, la melissographie dut beaucoup au naturaliste suisse François Huber qui, en dépit de sa cécité, effectua des recherches approfondies sur les mœurs des abeilles (*Nouvelles Observations sur les abeilles*, 1792) et, aidé de Burnens, parvint à saisir des particularités qui avaient jusque-là échappé à l'observation humaine. Ainsi un aveugle découvrit-il la vérité sur le sexe des ouvrières, les combats des mères, la fécondation des œufs, l'architecture des abeilles et l'origine de la cire, qu'avant lui on croyait provenir du pollen des fleurs. Par ailleurs, si Aristote avait soupçonné le phénomène de la parthénogénèse, c'est le naturaliste et apiculteur allemand Johann Dzierzon (1811-1906) qui, en 1845, en imposa l'idée, en montrant que la reine pond des œufs non fécondés donnant naissance à des mâles.

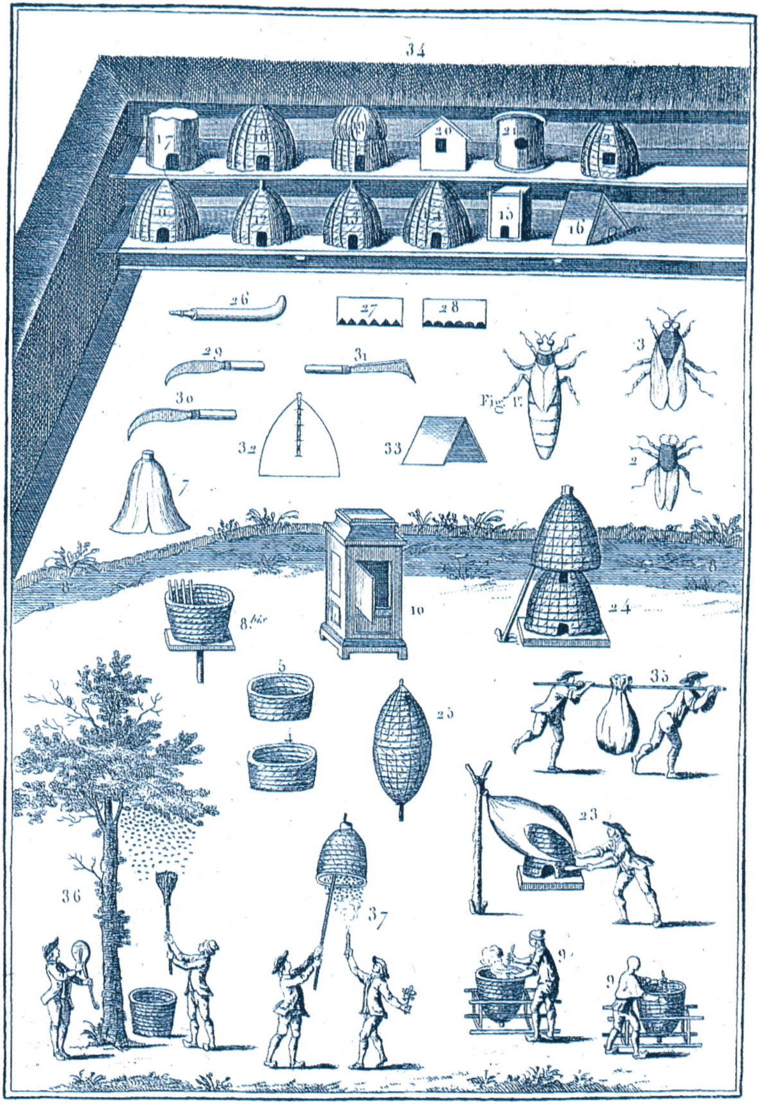

Un ordre insolite

S'il fut de courte durée, c'est qu'il n'était, en fait, que divertissement. L'*ordre de la Mouche à miel* fut fondé le 11 juin 1703, au château de Sceaux, par la duchesse du Maine. Le serment d'adoubement ne manquait pas de piquant : « Je jure, par les abeilles du mont Hymette, fidélité et obéissance à la direction perpétuelle de l'ordre, de porter toute ma vie la médaille de la Mouche, et d'accomplir, tant que je vivrai, les statuts de l'ordre ; et si je fausse mon serment, je consens que le miel se change pour moi en fiel, la cire en suif, les fleurs en orties, et que les guêpes et les frelons me percent de leurs aiguillons. » Quant à la médaille de l'ordre, en or, elle était frappée à l'effigie de sa créatrice, « Louise, baronne de Sceaux, directrice perpétuelle de l'ordre de la Mouche à miel », et, au revers, assimilait la duchesse à l'abeille : *Piccola si ma fa pur gravi le ferite*, « Petite, mais elle fait de profondes blessures ».

Ci-dessus
Ecce homo, gravure de Gustave Doré, 1866. La tradition chrétienne fit de l'abeille à la fois l'emblème du Christ – de sa miséricorde, à travers le miel qu'elle produit, et de sa justice par le biais du dard – et le symbole du comportement qui doit être celui des fidèles.

Métaphore et symbole

Emblème de la Basse-Égypte, elle est associée à Rê, et un des hiéroglyphes est une abeille. Ici, elle est l'attribut de certaines divinités, telles que, dans la Gaule de l'Est, Nantosuelta, représentée avec une ruche. Là, elle bénéficie de la protection des dieux – les Mayas vénéraient ainsi le « roi des abeilles ».

L'organisation harmonieuse de la ruche autour de la reine (et non autour d'un roi, comme on le croyait autrefois) a, dès l'Antiquité, fasciné les hommes qui ont voulu y voir un modèle à imiter. « C'est pourquoi le ciel partage la cité humaine entre divers offices, mettant sans cesse en œuvre les efforts de chacun, avec pour but ou pour objectif l'obéissance ; ainsi travaillent les abeilles, ces créatures qui par une loi de nature enseignent les effets de l'ordre aux royaumes des peuples. » Ainsi Shakespeare évoque-t-il l'Angleterre de l'époque élisabéthaine à travers *Henri V*.

Ci-contre
Le Mythe d'Aristée, bois gravé illustrant une édition du XVIe siècle des *Géorgiques* de Virgile.

Ci-contre
Le Lis, gravure de Granville, 1847. Des abeilles d'or ayant été mises au jour dans le tombeau de Childéric Ier, roi des Francs Saliens (Ve siècle), certains démontrèrent que l'insecte avait été le symbole de la royauté avant d'être remplacé par la fleur de lis. Napoléon Ier le restaura dans ce rôle lors de son sacre.

En France, l'image de cette vie communautaire des abeilles fut souvent associée à la société hiérarchisée de l'Ancien Régime. Elle fut également empruntée par l'Église pour figurer l'ordre monastique.

Travail et ardeur

La ruche abrite une population laborieuse. « On a remarqué que les colons sont souvent précédés dans les bois par les abeilles : avant-garde des laboureurs, elles sont le symbole de l'industrie et de la civilisation qu'elles annoncent. Étrangères à l'Amérique, arrivées à la suite des voiles de Colomb, ces conquérants pacifiques n'ont ravi à un nouveau monde de fleurs que des trésors dont les indigènes ignoraient l'usage ; elles ne se sont servi de ces trésors que pour enrichir le sol dont elles les avaient tirés. » La symbolique à laquelle se réfère Chateaubriand, dans les *Mémoires d'outre-tombe*, se retrouve dans diverses cultures. Le XIXe siècle allait voir là les vertus du socialisme naissant.

Éloquence et poésie

Dans la Grèce ancienne, l'abeille était associée au talent des poètes et orateurs. On rapporte que des abeilles se seraient posées sur les lèvres de Platon enfant, augurant ainsi de son talent à venir.

La métaphore persista au fil des siècles. Pour preuve, Jean de La Fontaine la reprend en l'adaptant :

« La bagatelle, la science,
Les chimères, le rien, tout est
bon ; je soutiens
Qu'il faut de tout aux entretiens :
C'est un parterre où Flore
épand ses biens ;
Sur différentes fleurs l'abeille
s'y repose,
Et fait du miel de toute chose. »
(*Fables*, X.)

L'industrieuse « mouche à miel »

Au sein de la famille des apidés qui appartient à l'ordre des hyménoptères, le genre Apis *qui concerne l'abeille mellifique compte quatre espèces, dont trois asiatiques et une,* Apis mellifica L., *très répandue dans le monde. C'est cette dernière espèce que l'on rencontre en Europe et en Afrique notamment, à travers diverses races, parmi lesquelles l'abeille noire* Apis mellifica mellifica L.

LA CITÉ DES ABEILLES

Insecte social par excellence, l'abeille vit en colonies. Une colonie de moyenne importance compte environ trente mille abeilles. Isolé de ses semblables, l'insecte ne peut survivre plus de quelques jours. Chaque ruche abrite donc une colonie. Des gardiennes surveillent en permanence l'entrée ; elles filtrent les visites, reconnaissent leurs congénères à leur odeur, refoulent les insectes ou rongeurs venus piller et n'hésitent pas à piquer, si besoin est, pour protéger la ruche.

À CHAQUE ÂGE SON MÉTIER

À l'intérieur de la ruche, la vie est rigoureusement organisée. En effet, au fil de leur existence, les abeilles effectuent différentes tâches. Elles sont nourrices et alimentent les larves pendant dix jours, puis, devenues cirières pour une dizaine de jours, elles construisent les rayons et operculent les alvéoles. Quand

Page de gauche
Une activité essentielle : les ouvrières nourrissent la reine.

Ci-contre
Piquante mésaventure, séquence humoristique du début du XXe siècle.

leurs glandes cirières sont taries, elles transforment le nectar en miel, stockent le pollen, nettoient la ruche et se chargent de sa ventilation, effectuent les vols d'orientation nécessaires au repérage des fleurs, assurent la garde de la ruche… Lorsqu'elles sont adultes, soit vers le vingt et unième jour, elles commencent à butiner. Un travail harassant qui écourte leur vie, car elles meurent au bout d'un mois d'existence. Seules les abeilles qui naissent à la fin de l'été survivent cinq à six mois, du fait de leur activité ralentie.

La mère des abeilles

La reine se différencie morphologiquement des autres abeilles. À peine a-t-elle sept jours qu'elle est incitée par les ouvrières de sa colonie à sortir de la ruche et à aller à la rencontre d'un rassemblement de faux bourdons (« bal d'abeilles »). Elle s'accouple avec plusieurs mâles (qui meurent pendant l'acte),

La « république » des abeilles

« L'art social, ce chef-d'œuvre de notre philosophie, création d'une longue suite de siècles, paraît beaucoup plus avancé par le seul instinct des abeilles. Ce peuple ailé fut civilisé de tout temps, lorsque la race humaine était encore dans la barbarie ; et aujourd'hui même, quel État oserait se comparer à une ruche, tant pour la sagesse de ses lois que pour leur scrupuleuse exécution ? »

***London Magazine*, 1827.**

Ci-contre
La ruche est bien protégée par des gardiennes aux aguets sur le seuil de la cité.

puis, fécondée, rentre à la ruche qu'elle ne quittera plus pendant un an au moins. Quelques jours plus tard, elle se met à pondre. C'est là son rôle principal. Chaque année, de janvier à octobre, la reine pond ainsi un œuf toutes les quarante secondes, soit mille cinq cents à deux mille œufs par jour et plus de deux millions d'œufs au cours de son existence, laquelle dure jusqu'à cinq ans !

Un langage subtil

De grands savants, notamment Karl von Frisch (prix Nobel de médecine, 1973), ont effectué des recherches sur le comportement des abeilles. La danse à laquelle l'insecte se livre dans l'obscurité de

Ci-contre
La reine est entourée d'une douzaine d'abeilles attachées à son service, qui la nourrissent de gelée royale. Elles la lèchent afin de prélever sur son corps une substance hormonale qu'elles transmettent aux autres ouvrières et qui, par son effet attractif, participe au bon fonctionnement de la colonie.

Ci-contre
Un essaim de faux bourdons.
Le rassemblement de mâles en vol se fait chaque année aux mêmes endroits ; il est suivi du vol nuptial de la reine non fécondée et de son accouplement multiple en plein vol.

En bas, à droite
Éclosion d'un mâle.

Bonnes et mauvaises abeilles

« Il y a des abeilles sauvaiges et franches, c'est à dire, mauvaises et bonnes. Selon les Anciens s'en treuve de quatre sortes différentes en corpulance, figure, couleur, mœurs. Les mauvaises sont les plus grandes, les plus rondes, les plus noires, et les plus difficiles à approcher, tendantes à cruauté. Les bonnes, celles qui le plus contrarient à telles qualités, estans en outre sur leur couleur claire et blonde, tachetées de noir et non velues. »

Olivier de Serres

la ruche, lorsque la nourriture vient à épuisement, constitue un appel au travail lancé aux autres membres de la colonie. Une « danse de recrutement », en quelque sorte, qui peut prendre la forme d'une ronde ou d'une danse frétillante et qui attire de nouvelles abeilles vers l'abondante source de nectar que la danseuse a découverte lors d'un vol de reconnaissance. Mais, plus encore, la danse est aussi langage. Son orientation précise la direction à suivre pour trouver la source. Son rythme indique à la fois l'importance du gisement et son éloignement de la ruche. Tout aussi fascinant est le langage olfactif des abeilles. Car les butineuses communiquent avec leurs congénères grâce au parfum des fleurs qu'elles ont visitées et qui adhère à leur corps.

Ci-contre
Le faux bourdon n'a pas de rôle actif dans la ruche. Compte tenu de cette oisiveté, sa durée de vie est d'environ cinquante jours, car, chassé énergiquement de la ruche dès que la grande miellée est finie, il ne tarde pas à mourir de faim ou de froid.

Une collecte minutieuse

« Sitôt que les premières fleurs
S'épanouissent sur les versants,
La butineuse ailée s'envole,
Quitte son merveilleux empire
De miel odorant et de cire
Et va chercher sur les corolles
Les doux messages
du printemps. »

Pouchkine

Ci-contre Abeille butinant un chardon. L'abeille voit la nature en gris-bleu et, à la différence de l'homme, elle perçoit les radiations ultraviolettes. En outre, ses yeux lui permettent de voir dans toutes les directions.

D'INFATIGABLES BUTINEUSES

« Sans lui il n'y aurait pas d'humanité », affirme Raymond Dumay à propos du miel dont il met en évidence l'incontestable valeur énergétique et qui est, à lui seul, « un festin de fleurs et de fruits ». Or, sans le travail des butineuses le miel ne serait pas… Dès le printemps et son cortège de floraisons, elles volent de fleur en fleur, collectant le pollen sur les étamines ou recueillant le nectar au fond de la corolle, à la base des pétales. Elles ne ménagent pas leurs efforts, effectuant d'innombrables voyages entre les fleurs et le rucher, et cela jusqu'à huit heures par jour ! Ces trajets suivent des « routes » aériennes extrêmement précises, qu'elles empruntent, d'ailleurs, d'année en année.

Une véritable alchimie

Avec sa trompe, l'abeille aspire le nectar, liquide sucré, incolore et à forte teneur en glucides, dans son jabot qu'autrefois on surnommait « estomac à miel », où il est débarrassé des impuretés. Une fois dans la ruche, elle transmet à une autre abeille, goutte à goutte, le contenu de son jabot, puis repart butiner. Le liquide passe alors de bouche en bouche, de tube digestif en tube digestif. Au cours de ce processus, qui peut durer une vingtaine de minutes en période de faible miellée et bien moins longtemps si la charge de travail est importante, il commence à perdre de son eau au contact de l'air chaud de la ruche et s'enrichit nutritivement sous l'effet des substances émises par le corps de l'abeille. Au terme de la « chaîne «, la dernière des ouvrières intervenantes dépose le miel dans une cellule.

Le mûrissement du miel

Trois jours durant, le miel continue de perdre son eau, grâce à la ventilation intense à laquelle procèdent les abeilles. Alors que le nectar comporte 80 % d'eau, le miel mûr n'en contient plus que 18 à 20 %, ce qui lui garantit une bonne conservation. Lorsque ce taux est atteint – on ignore comment elles en ont connaissance –, les abeilles ferment soigneusement les cellules par un opercule de cire. Ainsi le miel se trouve-t-il à l'abri de l'humidité de l'air et tout risque de fermentation est-il écarté.

Un curieux phénomène

« Lorsqu'on s'approche des ruches, un soir de miellée, on entend un bruit de ronflement très caractéristique : ce sont les abeilles qui ventilent et qui poursuivront ce travail toute la nuit (la ruche ne dort pas, pas plus que la fourmilière). Le courant d'air qu'elles produisent est assez fort pour courber la flamme d'une bougie placée à l'entrée de la ruche, comme Réaumur l'avait déjà remarqué. Pour ce faire, de longues chaînes d'abeilles s'alignent dans la ruche, l'abdomen tourné vers la sortie, et agitent leurs ailes, ce qui produit un violent courant d'air. Il n'en faut pas moins pour évacuer l'eau des quelques kilos de nectar qu'elles ont amassés dans la journée. La température de la ruche, qui est à 32 °C et aussi bien réglée que la température de notre propre corps, favorise l'évaporation. »

Pr Rémy Chauvin, *La Ruche et l'homme*, 1987.

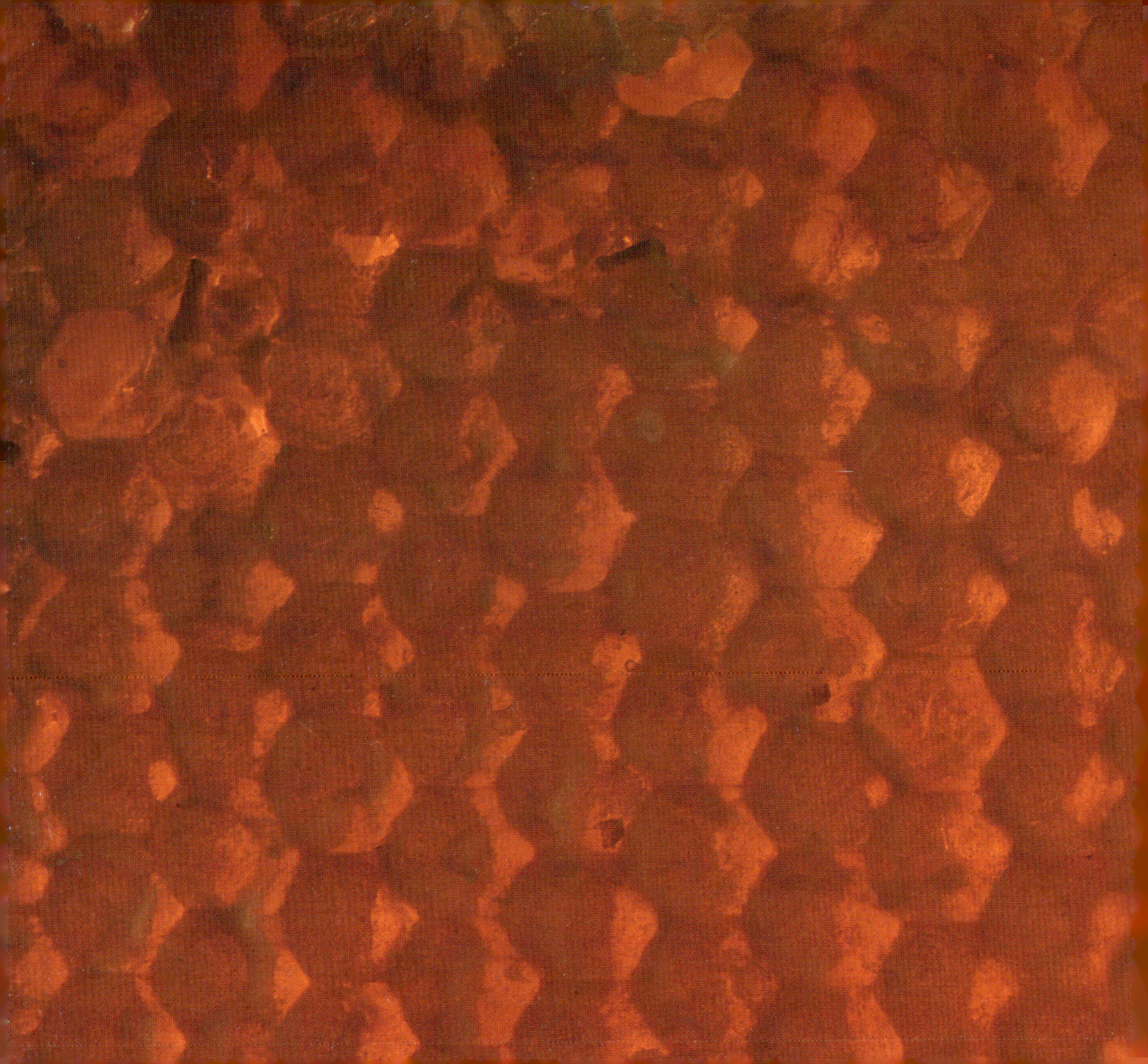

Le miel et l'homme

De la cueillette des temps anciens à l'apiculture d'aujourd'hui, du goût du miel sauvage à la saveur subtile des miels «dirigés» se déroule l'histoire des rapports de l'homme et de l'abeille. Une longue évolution au cours de laquelle le premier a appris à élever la seconde, à la soigner et à contrôler son travail, tout en respectant son mode de vie et ses habitudes. Car l'homme reste humble face à l'abeille.

Comme au temps jadis…

Ayant appris à connaître l'abeille et ses mœurs, l'homme maîtrise parfaitement la production de miel. Mais de la récolte du miel sauvage à l'élevage des abeilles, l'évolution a été lente… Jusqu'au XXe siècle, certaines peuplades, d'Afrique australe notamment, ont continué de pratiquer la cueillette du miel de la même façon que nos ancêtres de la préhistoire, et cela a permis d'imaginer ce qu'avait été l'apiculture à ses débuts.

De la nécessité…

« Hommes des buissons » – leur nom anglais est *Bushmen* –, les Bochimans perpétuent aujourd'hui, dans l'aride désert du Kalahari (Namibie) où les ont repoussés les Bantous, le mode de vie « primitif » de leurs lointains ancêtres. Les territoires dont ils ont été refoulés conservent le souvenir de leurs pratiques ancestrales. Ils n'y connaissaient que le miel sauvage et en étaient très friands. D'une partie du miel, ils tiraient un hydromel pétillant dont ils raffolaient. « Pour le petit chasseur, le goût du miel était comme la lumière du feu à ses yeux, et la chaleur de la flamme rubis dans la nuit noire de l'Afrique. Les nids d'abeilles étaient, avec ses sources et ses trous d'eau, les seules choses qui éveillassent son instinct de possession. Il soignait les ruches et prenait le miel sans que les insectes fussent dérangés. Il savait calmer et recueillir un essaim en plein vol et les nids étaient légués de père en fils », explique l'explorateur Laurens Van der Post. Pour atteindre les nids, les Bochimans devaient escalader d'impressionnants pans rocheux, à mains nues, et engourdir les abeilles, particulièrement vindicatives en Afrique, en faisant brûler certaines herbes dont ils avaient le secret.

Ci-contre
Cruelle pratique que celle de l'étouffage, très répandue au temps des ruches-paniers ! On tuait les abeilles par étouffement pour extraire le miel plus facilement.

La quête du miel sauvage est aussi pratiquée par les Pygmées mbenga, au Congo.

Un utile petit oiseau

Pour trouver un nouvel essaim, les Bochimans étaient aidés par un oiseau amateur de miel (*heu-ning-wyser* ou « coucou indicateur ») qui, grâce à sa peau épaisse, ne donne pas prise aux piqûres des abeilles. Dès qu'il avait trouvé un essaim, l'oiseau avertissait l'homme qui, « quand il avait recueilli la manne ambrée, [...] ne manquait jamais de récompenser l'indicateur et de partager avec lui la portion royale du festin : les rayons crémeux bourrés de larves à demi formées » (Laurens van der Post).

Selon une légende, ce petit oiseau, à la forte personnalité, « n'hésite pas à se venger de ceux qui déçoivent son attente; si quelque passant, amené par lui devant la ruche, objet de sa convoitise, ne se livre pas au pillage escompté, il l'attire cette fois dans un endroit où il sait que le malheureux se trouvera nez à nez avec un lion ou un serpent » (Dominique Le Bourg).

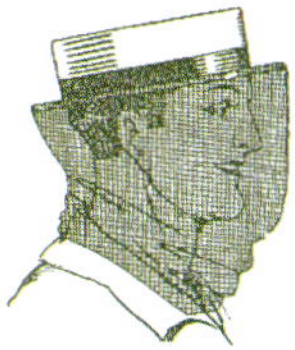

... AU SAVOIR-FAIRE

Les débuts de l'apiculture moderne remontent, en fait, seulement au milieu du XIXe siècle. Certes, au siècle précédent, François Huber avait mis au point une ruche à feuillets. Mais c'est l'Américain Lorenzo Lorrain Langstroth (1810-1895) qui, sur le même principe, créa la ruche à hausses, laquelle devait être ensuite améliorée par le Français Charles Dadant (1817-1902). À cette invention d'importance vinrent s'ajouter celle de la presse pour faire la cire gaufrée, par un menuisier-apiculteur bavarois, Merhing, et celle de l'extracteur centrifuge, par le major Hrushcka, de Venise. Dès lors, l'apiculteur disposa des principaux instruments essentiels à l'exercice de son métier.

À gauche
Voile, masque rigide ou camail, le visage de l'apiculteur doit être protégé.
Ci-contre
L'apiculteur porte une tenue spécifique pour travailler sans risquer d'être piqué. Ici, au milieu du XIXe siècle.
En bas
L'apiculture au début des années 1920.
Page de gauche
Vue d'un rucher rustique, d'après une gravure du XIXe siècle.

La célébration du miel

Chez certaines tribus indiennes du Brésil, le miel joua longtemps un rôle important dans les rituels religieux. Une fête annuelle lui était consacrée, qui tirait son origine d'un mythe et dont l'objet était d'obtenir des dieux que la chasse fût fructueuse. La préparation de cette célébration prenait des mois, car il fallait d'abord récolter le miel sauvage ; celui-ci était mis dans des calebasses accrochées aux poutres d'une cabane cérémonielle édifiée pour la circonstance. Les habitants des villages voisins participaient à la fête, qui se déroulait jusqu'à ce qu'il ne restât plus de miel, lequel était consommé en boisson, délayé dans de l'eau.

Profession : apiculteur

Aujourd'hui, le savoir empirique ne suffit plus. L'apiculteur doit faire montre d'une véritable technicité pour affronter les divers problèmes générés par le progrès. Mais, par-delà une technique accomplie et un équipement perfectionné, l'essence de son métier réside dans son rapport privilégié avec l'abeille. Un lien subtil, qui ne peut être entretenu que grâce à une sensibilité et un talent d'observation voisins de ceux de l'artiste.

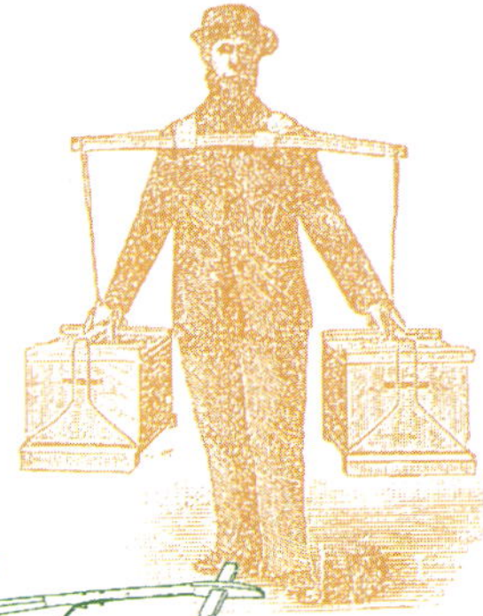

Ci-dessus Naguère, le transport des ruches…

Une activité rurale et artisanale

Jusqu'au milieu du XXe siècle, l'apiculture conserva son caractère éminemment familial. En fait, le rucher faisait souvent partie intégrante de la ferme ; constitué de quelques ruches à peine, il se transmettait de génération en génération. Au lendemain de la Seconde Guerre mondiale, cette activité agricole pâtit à la fois de l'exode rural et de la tendance au regroupement. Le nombre des ruches chuta considérablement. Néanmoins, à partir des années 1960, redécouverte par le mouvement de retour à la nature, l'apiculture entra dans une nouvelle ère. Le métier resta, certes, inchangé, essentiellement artisanal. Mais il se trouva confronté à des problèmes que ne connaissaient pas les apiculteurs d'antan : la multiplication des traitements chimiques pratiqués en agriculture, la propagation de certaines maladies et l'impitoyable loi de la concurrence.

Ci-contre En osier ou en paille, les ruches fixes sont utilisées pour le développement d'une colonie ou pour la production de miel en rayons.

La ruche, lien entre l'homme et l'abeille

L'apiculteur d'aujourd'hui utilise surtout les ruches à cadres. Les modèles les plus courants sont la ruche Dadant et la ruche Langstroth. Rustique, adaptée aux climats tempérés, la première laisse les deux tiers du miel produit aux abeilles, leur assurant ainsi

Un large éventail de rendements

La bourdaine produit 35 kg de miel à l'hectare, la moutarde et le sorbier des oiseleurs 40 kg, le framboisier autour de 70 kg, la chicorée et le trèfle 100 kg. La bourrache, la bruyère callune, la menthe, le réséda et la coriandre fournissent 200 kg à l'hectare, la mélisse environ 250 kg, le thym, la vipérine et la luzerne 300 à 400 kg, l'épilobe, le sainfoin et la sauge jusqu'à 600 kg. L'érable produit jusqu'à 1 100 kg de miel à l'hectare, le tilleul 1 000 kg, l'acacia plus de 1 500 kg.

un bon autonourrissement. Employée dans les régions chaudes et propice à la transhumance, la seconde ne laisse que la moitié du miel aux abeilles et rend donc la colonie plus dépendante d'un nourrissement extérieur. Quel que soit le type de ruche, le principe est le même : la ruche est équipée de cadres de bois dans lesquels les abeilles construisent leurs rayons de cire et que l'apiculteur peut retirer ou changer selon son gré.

Ci-dessus
Rucher couvert allemand dans les années 1920.

L'organisation du rucher

L'apiculteur installe les ruches au soleil et à l'abri du vent, le plus près possible des sources de nectar qui l'intéressent. Car si l'abeille peut exceptionnellement aller butiner jusqu'à trois kilomètres du rucher, elle préfère rester à proximité, ce qui lui facilite

À gauche
Illustration d'André Grangeon.

À droite
L'apiculteur au travail.

la tâche. De même, la disposition des ruches les unes par rapport aux autres est soigneusement étudiée, de façon à ne pas « désorienter » l'abeille et à ne pas déséquilibrer les colonies. En outre, l'organisation du rucher passe par la prise en compte de la stimulation réciproque des colonies. Deux colonies peu ou moyennement productives produisent plus en étant rapprochées qu'isolées l'une de l'autre ; les ruches faibles gagnent à être réunies à d'autres, plus fortes.

Les exigences légales

En France, les dispositions générales qui régissent l'apiculture figurent dans le Code rural. Par ailleurs, la législation qui concerne l'installation des ruchers, les distances à respecter entre les ruches et les nuisances à éviter varie d'un département à l'autre. L'apiculteur doit faire la déclaration de son rucher à la préfecture et aux services vétérinaires. S'il en fait la demande, après contrôle sanitaire, une carte d'apiculteur pastoral lui est délivrée ; cette carte est nécessaire à la transhumance.

Ci-dessus
La visite d'une ruche.

Ci-dessous
Des ruches-paniers d'autrefois aux ruches modernes à cadres mobiles, les conditions de vie des abeilles et le travail de l'apiculteur ont été profondément modifiés.

Une attention de toutes saisons

Le calendrier de l'apiculteur est d'autant plus souple qu'il est lié à la fois aux conditions climatiques et au type de production visé. Néanmoins, un certain nombre d'opérations rythment l'année, auxquelles il ne peut se soustraire, car en dépendent la survie et la productivité des colonies.

Au fil des mois...

La visite de printemps consiste à vérifier le peuplement des ruches et son état au sortir de l'hiver. L'élevage du couvain (œufs et larves) est alors le souci majeur. Un nourrissement compensatoire, distribué sous forme d'un sirop de sucre, favorise la ponte de la reine. Lorsque la ruche est pleine, il convient d'agrandir l'habitacle par la pose des hausses, afin de limiter l'essaimage. À la fin du printemps commencent les premières récoltes (miel de colza, par exemple). Mais la grande période de production est l'été. C'est aussi le meilleur moment pour déceler les colonies peu productives et les réunir à d'autres, plus fortes. En automne,

Ci-contre
Le nourrissement des abeilles se fait, suivant les circonstances, avec un sirop confectionné à partir de sucre candi et additionné de miel, un sirop de miel ou des cadres de miel provenant de la récolte précédente.

Ci-dessus
Le Rappel des abeilles, d'après une peinture de Baader (XIXe s.). Autrefois, il était d'usage, pour arrêter les abeilles dans leur essor, de frapper sur des chaudrons ou des poêles. Un bruit rappelant le tonnerre redouté par les abeilles.

l'apiculteur prépare ses colonies à bien passer l'hiver, en isolant les ruches de l'humidité et du froid, en leur laissant une partie de leurs provisions, en effectuant éventuellement les traitements préventifs ou curatifs qui s'imposent. Temps de repos pour l'abeille, l'hiver permet à l'apiculteur de se consacrer à la remise en état de son matériel. Il n'en oublie pas pour autant de surveiller les ruches. Si dans les pays de climat tempéré, l'hivernage se fait à l'extérieur, dans certaines contrées, comme en Russie ou au Canada, les exploitants sont contraints de rentrer les ruches dans des locaux isolés du froid.

Une préoccupation importante : l'essaimage

Au printemps, lorsqu'une colonie est en surpeuplement par rapport à la taille de la ruche, elle constitue un essaim qui peut compter de vingt mille à quarante mille abeilles pour une ruche moyenne et qu'accompagne une reine fécondée. Cet essaim va se fixer en grappe à la branche d'un arbre pendant que des abeilles partent en quête d'un abri. Averti par des signes avant-coureurs perceptibles dans le comportement des abeilles, l'apiculteur doit effectuer la capture de l'essaim le jour même de son départ, avant qu'il n'ait trouvé un nouveau logement. Il faut noter que le propriétaire de la ruche a légalement le droit de poursuivre l'essaim et de s'en emparer, même sur les terres d'autrui. Aujourd'hui, toutefois, l'apiculteur préfère souvent anticiper l'envol de l'essaim et, pour cela, pratique l'essaimage artificiel. Cela lui permet d'éviter l'éventuelle perte d'un essaim et d'accroître son cheptel.

Le charivari

« Quand tu verras un essaim sortir, s'élever dans les airs et nager dans le limpide azur du ciel, comme une nuée obscure que le vent emporte, suis-le d'un œil attentif ; il va chercher des eaux pures et des couverts touffus : répands-y les odeurs aimées des abeilles, la mélisse broyée, la cérinthe, et fais retentir l'airain, frappe sur les cymbales de Cybèle. Les abeilles s'arrêteront d'elles-mêmes dans ces retraites parfumées; d'elles-mêmes, obéissant à leur instinct, elles entreront dans l'une des ruches. »

Virgile, *Les Géorgiques*.

À gauche
L'art de faire rentrer un essaim dans une ruche (gravure du début du XIXe siècle).

La récolte du miel

Dépendante de la flore et du temps, la récolte est effectuée en une seule fois lorsque les abeilles ont cessé leur activité, et les cadres ne sont retirés que si les deux tiers des alvéoles sont operculés. Quelle que soit la méthode employée, l'apiculteur a pour souci majeur de ne pas perturber, ni de malmener les abeilles.

Un travail minutieux

Généralement, l'apiculteur enfume les ruches par le haut, de façon à refouler les abeilles dans le corps de la ruche ; cette opération lui permet de retirer les hausses et de dégager les cadres. Dans son local de traitement, à l'abri de l'humidité et à une température supérieure à 25 °C, il désopercule minutieusement les alvéoles, obstruées par une pellicule de cire, avec un couteau spécial, puis place les cadres dans un extracteur qui fonctionne par centrifugation. L'extraction achevée, le miel est filtré avant de reposer quelques jours dans une cuve appelée « maturateur » – les impuretés et les débris de cire montent à la surface. Il ne reste plus alors qu'à soutirer le miel et à le conditionner, en fûts, en pots ou en seaux.

Ci-contre et ci-dessous Quelques instruments de l'apiculteur.

En haut La désoperculation des alvéoles, avant le passage à la centrifugeuse.

Purifier le miel

« Le miel extrait sans feu et sans avoir été pressuré, est toujours suffisamment pur après qu'il a fermenté. Le commun a souvent besoin d'être purifié pour être employé à divers usages ou lorsqu'on veut le conserver longtemps et le préserver d'une seconde fermentation.
On purifie le miel en le faisant bouillir sur un feu très modéré, pendant à peu près une demi-heure : on enlève l'écume et on la met dans des pots. Lorsqu'elle est refroidie, on trouve au fond des pots une assez grande quantité de miel qui s'est séparé de l'écume et qui est aussi pur que celui qui est resté dans le vaisseau où il a bouilli. Le surplus de l'écume qui se trouve en dessus sera donné aux abeilles qui y trouvent encore quelque nourriture. »

Claude-Philippe Lombard,
Manuel nécessaire aux villageois pour soigner les abeilles…, 1802.

Ci-contre
L'extraction du miel telle qu'elle était pratiquée il y a près d'un siècle.

Savez-vous que...

• L'abeille doit récupérer le nectar de 1 000 à 1 500 fleurs de trèfle pour remplir son jabot qui peut en contenir au plus 70 mg, soit presque son propre poids – lequel est de 80 mg.

• Certaines colonies récoltent 8 à 10 kg de nectar en une seule journée.

• Un kilo de miel est produit par le nectar récolté sur plus de 100 000 têtes de pissenlit, près de 2 millions de fleurs d'acacia, 4 à 5 millions de fleurs de sainfoin, 6 à 7 millions de fleurs de trèfle rouge...

Ci-dessous
Le miel en rayons peut se présenter en *sections* ; ces petits « gâteaux », de 300 à 500 g, sont obtenus à partir de cadres spéciaux, de petite taille, en bois ou en plastique.

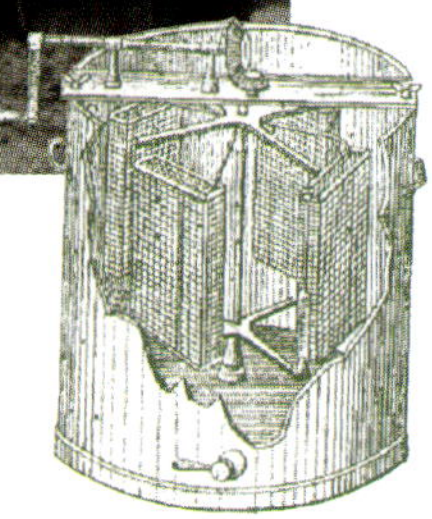

Un produit « vivant »

Certains miels posent problème en raison de leur cristallisation rapide. Il en est ainsi du miel de colza qu'il est impératif d'extraire sans attendre, dès qu'il est mûr, ce qui implique exceptionnellement deux récoltes. C'est le cas également du miel de tournesol qui a suscité une nouvelle opération, l'homogénéisation, très pratiquée au Canada notamment ; il s'agit de briser les cristaux du miel et de le lisser pour le rendre crémeux et stable dans

Ci-contre
Deux anciennes méthodes d'extraction du miel d'après une gravure de 1804.

Le *miel de goutte*, ou *miel vierge*, ou encore *miel blanc surfin*, est celui qui sort naturellement des alvéoles. Le *miel jaune* est extrait par centrifugation. Le *miel purifié* provient de la clarification du précédent. Le *miel brun* est pressé à chaud.

le temps. Par ailleurs, certains miels sont plus fragiles que d'autres et susceptibles de pollutions aromatiques accidentelles, par la fumée notamment. L'apiculteur doit veiller à éviter ces « accidents ».

Ci-dessous
Récolte du miel dans une ruche mobile. Chromolithographie ancienne.

LES APPELLATIONS

Le type de miel produit dépend du mode d'obtention, et, en France, des dénominations particulières sont prévues par la loi. Le *miel en rayons* est « le miel emmagasiné par les abeilles dans les alvéoles operculées de rayons fraîchement construits par elles-mêmes, ne contenant pas de couvain, et vendu en rayons, entiers ou non ». Le *miel avec morceaux de rayons* « contient un ou plusieurs morceaux de miel en rayons ». Le *miel égoutté* est « obtenu par égouttage des rayons désoperculés ne contenant pas de couvain ». Le *miel centrifugé* est « obtenu par centrifugation des rayons désoperculés ne contenant pas de couvain ». Enfin, le *miel pressé* est « obtenu par pressage des rayons ne contenant pas de couvain, sans chauffage ou avec chauffage modéré » – il est interdit de chauffer le miel à plus de 60 °C.

Un produit de qualité

La vigilance des apiculteurs, qui savent « diriger » les abeilles et contrôler leur environnement, garantit désormais la qualité du miel. Elle lui évite la saveur déplaisante que peuvent lui conférer certaines plantes. Elle a aussi éliminé le risque qu'encouraient les Anciens d'être intoxiqués par des miels produits à partir du nectar de plantes vénéneuses. Car les abeilles n'ont pas le même discernement que l'homme en la matière…

De regrettables pratiques

Naguère encore, il n'était pas rare que le miel fasse l'objet de falsifications. On l'additionnait de fécules, d'eau ou de sucre. Il arrivait même que la fraude fût officialisée ; ainsi, au début du XXe siècle, on commercialisa un miel artificiel composé à 20 % de miel et à 80 % de sucre inverti. Aujourd'hui, ce risque est moindre, car les caractéristiques de composition correspondant aux dénominations « miel de nectar », « miel de miellat » ainsi qu'à quelques appellations uniflorales sont précisées par la loi, et l'étiquetage est strictement réglementé.

Ci-contre et en haut
Liquide ou cristallisé, le miel est soumis à une très stricte réglementation.

Les critères de qualité

À l'intérieur de la ruche, le miel est liquide. Après extraction, il conserve plus ou moins longtemps cet état liquide. Plus le miel contient de glucose, plus vite il cristallise. Ainsi, les miels d'acacia et de sapin sont les seuls à rester liquides, en raison de leur forte teneur en fructose. Acheter, c'est savoir regarder… La texture du miel doit être parfaitement homogène – le mélange des deux états liquide et cristallisé indique que

le miel est de mauvaise qualité ou a été conditionné avant maturité. D'autre part, le miel doit répondre à certains critères : il ne doit pas présenter d'odeur ni de goût étrangers ; il ne doit pas avoir commencé à fermenter ; il ne doit pas avoir été chauffé ; et, enfin, son acidité ne doit pas avoir été modifiée artificiellement.

Miels sans frontières

Aujourd'hui, le producteur ne peut plus raisonner en données nationales. Si l'écoulement de ses produits se fait souvent au niveau local ou régional, il doit tenir compte du marché mondial. Certains pays gros producteurs, comme l'Argentine, la Chine, l'Australie ou le Canada, exportent vers l'Europe

« Le miel est le cantique
de l'amour,
La substance de l'infini,
L'âme et le sang
plaintif des fleurs,
Condensés à travers
un autre esprit.

(Et le miel de l'homme
est la poésie
Émanant de son cœur endolori
Où le rayon et la cire
du souvenir
Sont façonnés par l'abeille
la plus intime.) »
Federico Garcia Lorca,
Cantique du miel.

Ci-contre
Au début des années 1980, un accessoiriste de l'Opéra de Paris, apiculteur amateur, installa une ruche sur le toit du palais Garnier. Quinze ans plus tard, ses deux ruches hébergeaient chacune quelque 50 000 abeilles et produisaient 150 à 200 kg de miel par an.

des miels « toutes fleurs », de colza ou de tournesol à des prix très bas. Les pays de l'Europe de l'Est, particulièrement la Hongrie avec son miel d'acacia, sont aussi de redoutables concurrents pour le reste de l'Europe. La France est, quant à elle, avantagée par la diversité de ses régions et son climat plutôt clément ; elle produit des miels très divers, dont certains sont particulièrement recherchés (lavande, romarin, bruyère, par exemple). L'Allemagne et le Royaume-Uni, qui ne bénéficient pas de ces atouts, en sont très demandeurs.

Ci-dessous
Étiquette ancienne. Aujourd'hui, la transhumance permet à l'apiculteur pastoral d'adapter sa production à la demande ou à ses propres choix. De plus, elle fournit à l'abeille des sources nouvelles de nectar, et sa productivité s'en trouve accrue.

Page de droite
Le miel se conserve plusieurs années, à condition d'être entreposé à l'abri de l'humidité et de la lumière. En outre, il doit être conditionné dans des contenants parfaitement hermétiques qui le protègent de l'air.

Le miel empoisonné du pays des Colques

« Parvenus au sommet, les Grecs cantonnèrent dans plusieurs villages où les vivres étaient en abondance. Ils n'y rencontrèrent rien qui les étonnât, si ce n'est qu'il y avait beaucoup de ruches et que ceux des soldats qui mangèrent des rayons de miel eurent un transport au cerveau, vomirent, évacuèrent par le bas, et qu'aucun d'eux ne pouvait se tenir sur ses jambes ; ceux qui n'en avaient mangé qu'une petite quantité ressemblaient à des gens complètement ivres, ceux qui en avaient mangé beaucoup à des fous furieux et même à des moribonds. En cet état beaucoup gisaient sur le sol, comme après une défaite, et le découragement était grand. Le lendemain personne n'était mort, et le transport cessa à peu près à la même heure où il avait commencé la veille. Le troisième et le quatrième jour, ils se levèrent affaiblis comme s'ils avaient pris médecine. »

Xénophon, *L'Anabase.*

De hardis chasseurs de miel

Au tournant du troisième millénaire, l'abeille aurait-elle encore des secrets pour l'homme ? Ne l'a-t-il pas en quelque sorte « apprivoisée », au point de contrôler, voire de diriger, sa vie aux fins de production qu'il s'est fixées ? Pourtant, en certains endroits du monde, les populations ne connaissent encore que le miel sauvage, et sa récolte constitue souvent une périlleuse entreprise.

Hier, en Amérique du Nord

Qui n'a en mémoire les romans de James Fenimore Cooper et les personnages de *La Prairie* (1827), dont le chasseur d'abeilles Paul Hover ? La méthode alors pratiquée était pour le moins astucieuse. On ramassait des abeilles parmi les fleurs, à l'orée de la forêt, puis on les enfermait dans de petites boîtes, éclairées par un couvercle de verre et contenant un morceau de rayon de miel. Les insectes s'étant rassasiés, on en laissait sortir deux ou trois, et on observait la direction qu'ils prenaient. Le chasseur s'avançait alors dans cette direction et, là où il avait perdu de vue les abeilles, il en lâchait deux autres qu'il suivait… Et ainsi de suite jusqu'à ce que les abeilles libérées prennent la direction opposée, ce qui signifiait que l'arbre abritant la colonie avait été dépassé. À proximité de l'arbre concerné, le chasseur plaçait sur une brique chauffée un morceau de rayon de miel. L'odeur attirait la tribu. Il pouvait alors abattre l'arbre et récupérer le miel contenu dans son tronc creux. Il n'était pas rare qu'il en récoltât soixante-dix livres, parfois même plus du double.

Aujourd'hui, en terre népalaise des Gurungs

Au pied des hautes cimes de l'Himalaya, la chasse au miel est une tradition immémoriale, qui se transmet de génération en génération. Comme l'explique Éric Valli, qui l'a vécue pour mieux la photographier, elle se déroule deux fois l'an, selon un véritable rituel. Des offrandes et le sacrifice d'un coq la précèdent, destinés à s'attirer la faveur de Pholo, dieu de la forêt et protecteur de ces falaises vertigineuses au flanc desquelles les chasseurs doivent descendre au péril de leur vie, les pieds accrochés aux échelons de bois d'une longue échelle en fibres de bambou tressées. Au cours du harassant cheminement pédestre vers le site de la récolte et sur ce lieu même, prières et offrandes se succèdent encore. *Apis laboriosa*, l'abeille géante redoutée pour son agressivité, habite la voûte des surplombs rocheux ; une falaise peut ainsi dissimuler plus d'une centaine de ruches. Une fois le nid vidé de sa population par enfumage, le chasseur retire cire et miel avec pour seuls « outils » deux longs bambous, des cordelettes et un panier tapissé d'une peau de mouflon (*dali*). Au sol, le miel est versé dans un filtre en bambou, avant d'être presque totalement troqué contre des céréales et d'autres produits alimentaires. Quant à la cire, elle est vendue et permet aux chasseurs d'honorer la taxe qui revient au roi du Népal, seul propriétaire du miel en son pays.

Des plantes et des miels

Couleur, consistance, arôme, goût… Les caractéristiques du miel varient d'une colonie à l'autre et d'une espèce botanique à l'autre, mais aussi suivant les conditions géographiques et climatiques, ainsi que selon le mode d'extraction. Il en va donc du miel comme du vin, il se décline en une infinité de « crus ». Fluide, épais ou cristallisé, il peut être, selon son origine, « miel de nectar » ou « miel de miellat ».

Des miels et des crus

Au regard de la législation, le miel est « la denrée alimentaire produite par les abeilles mellifères à partir du nectar des fleurs ou des sécrétions provenant de parties vivantes de plantes ou se trouvant sur elles, qu'elles butinent, transforment, combinent avec des matières spécifiques propres, emmagasinent et laissent mûrir dans les rayons de la ruche ».

Des appellations rigoureuses

Les miels peuvent se voir attribuer une dénomination ayant trait à leur origine végétale, dans la mesure où leurs caractéristiques organoleptiques et physico-chimiques révèlent la prépondérance d'une plante. Le miel pur renfermant du pollen, l'analyse de son contenu pollinique permet désormais de connaître les nectars ou les miellats qu'ont exploités les abeilles, de définir l'origine du miel et donc d'en contrôler l'appellation, voire de déceler une éventuelle fraude. L'appellation suppose, en effet, que le miel comporte au moins 50 % de pollen de la fleur qu'elle met en évidence.

Les miels de fleurs

Certains miels sont dits « toutes fleurs » ou « mille-fleurs », car ils sont dépourvus d'origine

Le souvenir du miel

« Il plonge dans le pot une cuillère circonspecte. Le miel ambré résiste, épais, grumeleux. Il adhère fortement à la cuillère. Celle-ci retournée, il ne s'en détache que lentement, tandis que l'odeur emplit les fosses nasales. Il est attentif à ce qu'il fait.

[...] Avant, il n'aimait pas le miel. [...] C'était même un supplice, ces tartines où la pâte plus pâle que celle-ci, transparente, liquide, coulait en fils gluants, traversait le pain à gros trous, dégoulinait le long du pot, sur le bord du bol, dans la soucoupe et jusque sur la toile cirée. C'était dans la maison du père, à Valenciennes, la maison détruite. Celui-là est moins raffiné. Il le goûte avec prudence. Très sucré. L'odeur des fleurs est forte.

– Du miel de lavande. [...] »

Armand Lanoux,
Le Berger des abeilles, 1974.

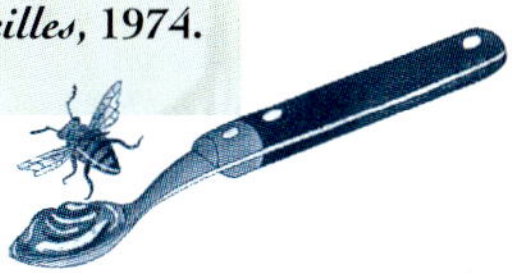

Ci-contre
Gravure américaine du XIXe siècle.

« Il y a en elles raison et art »

« Les mouches à miel [...] se nourrissent seulement de pommes de grenade et de houx ; de l'olivier elles prennent le miel, mais il n'est pas bon. Un double service leur vient de la fève, du céleri, de la courge et de la brasique : à savoir la cire et la nourriture. De la pomme et de la poire sauvages et du pavot leur viennent cire et miel. De la noix grecque leur vient un triple service : nourriture, miel et cire. Des autres fleurs, elles prélèvent en sorte que diverses choses soient utiles à diverses œuvres, et certaines à beaucoup. Par exemple, de la fleur chiche elles font du miel clair, et du romarin du miel épais. Des figues, elles font un miel qui n'est pas doux ; des cerises, un bon miel ; et du thym, un très bon miel. »

Pierre de Crescens,
Les Profits ruraux du travail des champs,
début du XIVe siècle.

précise et de caractéristiques spécifiques. Leur dénomination indique que les espèces butinées sont multiples. Leur parfum est donc composé. De couleur ambrée, plus ou moins claire, plus ou moins rougeâtre, ils présentent une saveur agréable et peuvent même être excellents.

En bas, à gauche
Illustration d'A.Grangeon.

Ci-dessous
Affiche de Lavenne, Paris, vers 1950.

À gauche
Le terme commercial *miel artificiel* est formellement interdit dans certains pays.

De règle, la vigilance

Lorsque pendant la période normale de production du miel, un nourrissement des abeilles est intervenu, à l'aide de sucre ou de substances sucrées autres que le miel, le produit obtenu doit être dénommé « miel de sucre ». D'autre part, la dénomination « miel de pâtisserie », ou « miel d'industrie », désigne un produit qui ne correspond pas aux exigences relatives au goût, à l'odeur ou au chauffage imposées par la législation. Enfin, il faut savoir que certains pays autorisent des dénominations commerciales telles que « miel de fantaisie » et « miel artificiel ». Celles-ci sont interdites en France.

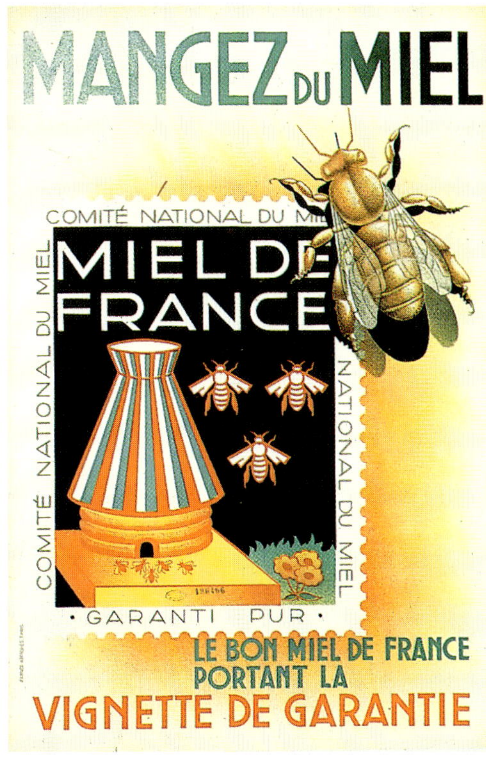

Les miels de nectar

Liquide sucré sécrété par les nectaires des fleurs, le nectar est recueilli par les abeilles qui, suivant un processus d'aspiration-régurgitation, opèrent une étonnante alchimie et le transforment en miel. Les végétaux mellifères étant innombrables, il existe une multitude de miels de nectar dont nous ne présenterons ici que les plus connus.

Miel de bleuet. D'un jaune clair tirant parfois sur le vert, il se caractérise par une légère odeur d'amande et un goût un peu piquant, voire légèrement amer. Israël en produit.

Miel de bruyère. Il diffère suivant la variété de bruyère (blanche, cendrée ou callune). De couleur sombre, il est très épais. Il cristallise rapidement et sa granulation est fine – le miel de bruyère callune est gélatineux. Son parfum est faible, son goût accusé, voire un peu âcre. Les Landes, la Sologne et le sud du Massif central comptent parmi ses terroirs de prédilection. Son extraction est particulièrement difficile.

Miel de colza. Blanc et consistant, il se caractérise par une odeur de «chou», peu agréable. Il cristallise vite, et sa granulation est fine. De qualité inférieure, il est surtout utilisé par l'industrie agro-alimentaire et pour la fabrication de l'hydromel.

Miel d'épilobe. D'un blanc tirant sur le verdâtre, mais qui vire au blanc à l'état cristallisé, il est subtilement aromatique et de goût agréable. C'est un miel rare.

Miel de framboisier. Généralement blanc et consistant, il est parfumé et de saveur agréable. Le Canada en produit beaucoup.

Miel d'hysope. Produit en Provence, très apprécié aux États-Unis, il est de grande qualité. Blanc, il a une saveur légèrement anisée.

Miel de lavande. Légèrement ambré, il a un parfum léger et doux, une saveur aromatique, avec une note d'acidité. Il cristallise plus ou moins vite, et sa granulation est fine. Les Alpes de Haute-Provence sont un de ses terroirs privilégiés. L'Espagne en produit.

Miel de lavandin. Presque blanc, il est très aromatique et de texture onctueuse. Il cristallise plus ou moins vite, et sa granulation est fine à moyenne. Il a un parfum léger et doux.

Miel de lierre. Foncé, il se caractérise par un faible parfum et une légère amertume. Il cristallise vite, et sa granulation est fine.

Miel de luzerne. D'une couleur variant du blanc (à l'état cristallisé) à l'ambré, d'une légère fragrance à peine perceptible, il présente une faible saveur aromatique. Sa granulation est fine. On le trouve

Ci-dessous
Très particulier, le miel de bruyère est apprécié en pain d'épicerie et en confiserie.

Un irrésistible attrait

« Quand l'immense rideau de lierre était semé de grappes fleuries, un parfum pur et délicieux imprégnait la Cour de la Mandragore. Les abeilles n'avaient pas attendu le signal qu'envoyait pourtant fort loin leur baume aromatique. Dès que le pollen poudrait toutes les feuilles, les ouvrières inlassables, en des milliers de voyages, venaient s'y charger d'une cire semblable à de la poussière de soufre. Leur chant que, diligentes et dévouées, elles confiaient à leurs ailes, ne cessait qu'à l'instant où la nuit cueillait, au faîte des arbres, les derniers rubis du soleil. Le bourdonnement soyeux cessa dès qu'aux jours tardifs de l'automne les dernières éruptions de pollen furent récoltées. »

Jean de Boschère,
***La Fleur et son parfum*, 1941.**

Ci-dessous
Le romarin est une des meilleures plantes mellifères.

« Ô vous qui transformez de la fleur éphémère
Le parfum sans durée en durable saveur :
Abeilles ! par la ruche et par votre art sauveur
La fuite des printemps devient moins amère ! »
Sully Prudhomme

là où la luzerne est cultivée pour ses graines et n'est, de ce fait, pas fauchée avant la floraison.

Miel de menthe. Doré, il dégage l'arôme frais caractéristique de la menthe. Les États-Unis en produisent.

Miel de pissenlit. Jaune clair, il peut déplaire par son odeur, mais présente une saveur agréable, marquée par une pointe d'amertume. Il cristallise vite, et sa granulation est plutôt fine. Le Canada en est producteur.

Miel de romarin. Blanc laiteux, il se caractérise par un arôme végétal marqué et une saveur très fine. Il cristallise lentement, et sa granulation est fine à moyenne. Le miel de romarin produit dans la région de Narbonne est réputé de longue date. L'Espagne produit également un miel renommé, dans l'est et le centre-sud du pays.

Miel de ronce. Foncé, il est plutôt liquide et transparent. Sa granulation est grossière, sa saveur puissante.

Miel de sainfoin. Blanc jaunâtre, il est aromatique et d'une saveur délicate. Sa cristallisation est fine. Le véritable miel du Gâtinais était naguère un miel de sainfoin. Mais on en trouvait aussi en Touraine, en Champagne, en Bourgogne et en Saintonge, notamment. Aujourd'hui, cet excellent miel tend à disparaître en France. L'Italie et le Maroc en sont producteurs.

Miel de sarrasin. Très sombre et d'un fort parfum, il présente un goût corsé qui peut déplaire par la lourdeur de son arôme. D'où son utilisation dans l'industrie agro-alimentaire, spécialement en pain d'épicerie. Naguère spécialité de la Bretagne, ce miel tend à disparaître en France. La Chine en produit.

Ci-dessus
Le serpolet. Cette variété de thym se rencontre à l'état sauvage dans le midi de la France.

Miel de sarriette. Ambré, ce miel aromatique arbore une saveur légèrement piquante.
Miel de sauge. Ambre plus ou moins clair, il est délicat de parfum et excellent de goût. Sa granulation est fine. L'Italie et les États-Unis en produisent.
Miel de serpolet. Foncé, il est puissant, de parfum comme de goût. Sa cristallisation est lente.

Savez-vous que… ?

• Saint Ambroise est le patron des apiculteurs. La légende veut que des abeilles soient venues se poser sur ses lèvres lorsqu'il était bébé.

• À certaines époques, où l'on donnait du miel comme un régal, Louis le Débonnaire et Charles le Chauve en offrirent aux religieux de Saint-Germain et de Saint-Denis.

Miel de thym. Jaune foncé, il dégage le parfum atténué des fleurs et présente un goût fort, légèrement piquant. Sa cristallisation est lente. Comme le miel de serpolet, il se rencontre surtout dans les terroirs méditerranéens.

Miel de tournesol. D'un jaune lumineux, plus ou moins accentué, mais de qualité inférieure, il est faiblement parfumé et doté d'une saveur fraîche, à l'arôme de pollen. Sa production est importante.

En haut
Le thym.
« Comme le miel qui est fait des fleurs du thym, herbe petite et amère, est le meilleur de tous, ainsi la vertu qui se forme dans l'amertume des humiliations et des peines est la plus excellente de toutes. »
François de Sales

Miel de trèfle. Plus ou moins pâle, il a un parfum herbacé et une saveur aromatique. Il cristallise vite, mais reste crémeux, et sa granulation est fine. Il est considéré comme l'un des meilleurs miels. En France, la Bourgonge et l'Île-de-France sont ses principaux terroirs. Les États-Unis et le Canada en sont de grands producteurs.

Miel de vipérine. Ambre clair, il se caractérise par un parfum suave et une saveur des meilleures. Sa texture est épaisse, sa cristallisation lente.

Ci-contre
Le trèfle. Illustration d'un manuscrit du *Tacuinum Sanitatis* (XIVe siècle).

D'arbres et d'arbrisseaux…

Si talentueux que soit l'apiculteur, qui sait diriger les abeilles vers la source de nectar qu'il privilégie, il lui est difficile d'obtenir un miel provenant exclusivement d'un végétal. La plupart du temps s'y mêlent des notes liées à d'autres plantes ou arbres. Aussi, à partir d'une même dominante, des miels de parfum et de goût sensiblement différents peuvent-ils être produits.

Miel d'acacia. Il est issu des fleurs du robinier qui est, en fait, un faux acacia. Clair et liquide, il présente une saveur douce et délicate. Son parfum est discret. Il est répandu en France et en Hongrie, notamment. Il peut aussi provenir de l'acacia de Sibérie (*Caragana arborescens*) et c'est alors, selon certains, un des meilleurs miels. On le reconnaît à son aspect blanc et graisseux à l'état cristallisé. Sa cristallisation est moyenne.

Miel d'arbousier. Très recherché par les abeilles, l'« arbre aux fraises » donne un miel brun, faiblement aromatique, à la saveur fine, empreinte d'une amertume qui s'estompe avec le temps. Sa cristallisation est rapide, sa granulation fine. On le trouve dans les contrées méditerranéennes, telles que la Provence, la Corse et la Sardaigne.

Miel de bourdaine. Ce miel brun, qui reste longtemps à l'état liquide, peut surprendre par son odeur, peu agréable.

En haut
Un arbre peut fournir à la fois nectar et miellat. C'est le cas, notamment, du châtaignier et du tilleul. D'où des miels très souvent mélangés…

Chansonnette sévillane

« L'aube luisait
sur les orangers.
Des abeilles d'or
recherchaient le miel

Où peut-il être,
ce miel ?

Il est dans la fleur bleue,
Isabelle,
dans la fleur
là-bas de ce romarin. [...] »

Federico Garcia Lorca,
Chansons, 1921-1924.

En haut
Fleur d'oranger.
Elle communique
son délicat parfum au miel.

Il est néanmoins doté d'une saveur hautement aromatique. Le Sud-Ouest et le Massif central en produisent.

Miel de caféier. On le trouve, bien évidemment, dans les pays producteurs de café, tels que le Brésil ou la Colombie. Sa saveur douce se prolonge par une légère amertume.

Miel de châtaignier. Brun et épais, il présente un parfum fort, un peu âcre, et une saveur très accusée qui peut dérouter un dégustateur peu averti. Il cristallise très lentement et sa granulation est grossière. L'Ardèche, les Cévennes et la Corse sont ses terroirs.

Miel de citronnier. Il s'apparente au miel d'oranger. Presque blanc, il a un parfum marqué d'agrumes et un goût fortement aromatique. La Sicile et l'Espagne en produisent.

500 g
MIEL D'ACACIAS
MINIMUM GARANTI :500 g.

Miel d'eucalyptus. Ambré, il possède une odeur particulière et une saveur fine. C'est l'un des miels les plus courants en Australie. L'Espagne en produit aussi beaucoup.

Miel d'oranger. D'un jaune plus ou moins soutenu, il a le parfum de l'orange et le goût du fruit cuit au sucre. Le miel d'orange amère est plus subtil et plus frais que celui d'orange douce. Il cristallise assez vite et sa granulation est moyenne à grossière. C'est un miel très apprécié en Espagne (*miel de azahar*) – l'Andalousie et la région de Valence sont ses hauts lieux de production – et aux États-Unis (Floride).

Miel de rhododendron. Clair, voire blanc à l'état cristallisé, il présente une odeur un peu acide et une saveur à la fois délicate et intense. Sa cristallisation est variable. L'Ariège s'en est fait une spécialité, comme certaines vallées alpines.

Miel de tilleul. D'un jaune plus ou moins accusé, il se caractérise par le parfum atténué des fleurs et une saveur très aromatique évoquant une infusion de tilleul. Sa cristallisation est lente, et sa granulation moyenne à grossière. L'Île-de-France est son terroir de prédilection. De nombreux pays, d'Asie et d'Europe de l'Est, en produisent.

En quête de miel frais

« Dans le vestibule sombre, il [Lévine] prit son masque de fil de fer accroché au mur, le mit et, les mains cachées dans ses poches, se rendit dans l'enclos où, au milieu d'un espace fauché, se trouvaient les ruches : les plus anciennes (il connaissait l'histoire de chacune d'elles) étaient alignées en files régulières et attachées aux pieux par des bandes d'écorce, et les plus jeunes, celles de l'année, rangées le long de la claie. À l'entrée des ruches c'était un tourbillonnement incessant et qui fatiguait la vue : abeilles et faux bourdons voltigeaient sur place tandis que les ouvrières dans un mouvement d'aller et retour volaient jusqu'à un tilleul en fleur et en revenaient chargées de butin. »

Léon Tolstoï,
Anna Karénine.

Miel de Châtaignier
Miel de Chêne
Miel de Tilleul
Miel d'Oranger
Miel d'Acacia

D'autres spécificités

Certaines dénominations attribuées au miel se réfèrent à la saison, à la topographie ou à la région. Liée à l'écosystème et au climat, la composition de ces miels varie à l'infini. Ainsi existe-t-il un miel de printemps, liquide et très clair, au goût fruité, un miel de plaine, clair et dur, généralement récolté en août, ou un miel de montagne, qui doit son parfum particulier à la flore d'altitude…

En Corse, la qualité du terroir

Depuis 1982, l'abeille noire corse (*Apis mellifera mellifera corsica*) est protégée, et il est interdit d'introduire des abeilles dans l'île de Beauté. Par ailleurs, depuis 1998, le « miel de Corse – mele di Corsica » bénéficie d'une Appellation d'origine contrôlée qui couvre, en fait, six miels différents :

• le *miel de printemps*, caractérisé par les plantes des plaines et des basses vallées (clémentinier ou asphodèle et/ou chardon et fleurs des champs). Beige clair à doré, délicatement parfumé, il est doux et fruité. Sa cristallisation est fine ;

• le *maquis de printemps*, où domine la bruyère blanche, associée à d'autres espèces (lavande maritime, trèfle blanc, genêt, asphodèle, etc.). Ambré, il a un arôme accusé et varié, ainsi qu'un goût à la fois riche et délicat ;

• le *miellat du maquis*, obtenu à partir des cistes, calycotomes épineux, eucalyptus, cytinets, etc., ou des chênes associés à d'autres espèces. D'une couleur allant de l'ambre foncé au brun sombre, il est très aromatique et de saveur corsée ;

• le *miel de la châtaigneraie*, spécifique de la moyenne montagne. Ambré, il a un goût plutôt fort, un peu amer ;

• le *miel de maquis d'été*, où se retrouvent immortelle, anthyllide, thym corse, genêt, germandrée marine, etc. Ambré plutôt clair, il est légèrement aromatique et d'un goût doux et fruité. Sa cristallisation est rapide ;

• le *miel de maquis d'automne*, où domine l'arbousier, associé à d'autres espèces (lierre, odontite, inule visqueuse, salsepareille). Ambré clair, il a un parfum boisé et une saveur plus ou moins amère, persistante.

Ci-contre
Abeille léchant du miellat.
Sur certains arbres, les abeilles butinent la sécrétion sucrée émise par des petits insectes qui pompent la sève du végétal, la transforment et en rejettent l'excès.

« – Encore un peu, mon neveu. Allez, tire, tire…
– Oh non, c'est plein là-dedans.
On tâta cependant du miel de montagne. Les rayons s'écrasaient entre les dents et collaient aux molaires, la bouche se trouvait toute parfumée, toute sucrée, avec un goût de fleurs des champs inoubliable. »
Robert Sabatier,
***Les Noisettes sauvages*, 1974.**

Les miels de miellat

Les espèces qui constituent une source d'approvisionnement non négligeable pour la ruche sont les conifères résineux (pin, sapin, épicéa, mélèze) et des arbres comme le chêne, le tilleul, le frêne, le bouleau, l'érable ou le nerprun.
Le miel que l'abeille produit à partir du miellat est généralement plus foncé que le miel de fleurs ; sa couleur va du brun clair, parfois à tonalité verdâtre, au noir.
Pour mériter la dénomination « miel de miellat », sa composition doit répondre à des critères précis. Ce miel peut être commercialisé seul ou en mélange avec le « miel de nectar ». Le plus connu des miels de miellat est le *miel de sapin*, doté d'une saveur parfumée et balsamique, que suit un arrière-goût de résine. Ce miel, épais mais fluide, est la spécialité des Vosges et du Jura. Récolté au mois d'août, le *miel de forêt* s'inscrit dans le cadre des miels de miellat, car il est surtout produit à partir de conifères. De couleur sombre et très liquide, il affiche un parfum riche et un goût excellent. Mais en raison de sa faible teneur en glucose, il se conserve mal.

À droite
La Nourriture de Jupiter ou *L'Enfance de Jupiter*, Nicolas Poussin, XVIIe siècle. Dulwich College Picture Gallery Londres.

Page de droite, en haut
Samson ouvrant la gueule du lion, miniature du *Miroir de l'humaine salvation*, XVe siècle. Musée Condé, Chantilly.

Le miel et le sacré

Fils de Rhéa et de Cronos, Zeus fut, dès sa naissance, soustrait à la folie de son père qui, par crainte d'être détrôné, dévorait ses enfants. Il fut élevé en Crète et nourri du lait de la chèvre Amalthée et du miel du mont Ida, réputé dans toute la Grèce antique. Cette association du lait et du miel se retrouve dans divers textes sacrés, car ces aliments, considérés comme naturellement purs, peuvent être consommés sans aucun rite de purification préalable.

Une liqueur digne du Paradis

Le Coran compte le miel parmi les boissons terrestres, aux côtés de l'eau, du lait et du vin, et en fait une véritable panacée (sourate XVI) :

« Ton Seigneur a révélé
aux abeilles :
"Établissez vos demeures
dans les montagnes,
dans les arbres
et les ruches ;
puis mangez de tous les fruits.
Suivez ainsi docilement
les sentiers
de votre Seigneur."
De leurs entrailles sort
une liqueur diaprée
où les hommes trouvent
une guérison.
– Il y a vraiment là un Signe
pour un peuple qui réfléchit ! »

De ce fait, cette « liqueur » éminemment bénéfique participera, au même titre que les trois autres breuvages, transformés en fleuves, au paysage du « Jardin promis à ceux qui craignent Dieu » ; elle deviendra donc un « fleuve de miel purifié » (sourate XLVII).

Sur le chemin de la Terre promise

Cette évocation du livre sacré des musulmans fait écho à celle de la Bible, où le miel appartient aux produits que Dieu réserve aux enfants d'Israël. Il dit ainsi à Moïse à propos de son peuple :

« Je suis descendu pour le délivrer de l'Égypte et pour le tirer de ce pays dans une terre excellente et vaste, dans une terre ruisselant de lait et de miel [...] » (Exode). Ce pays excellent est un « pays d'oliviers, d'huile et de miel [...] » (Deutéronome). Plus tard, Moïse fera état de cette nourriture bénie par Dieu dans le cantique qu'il adresse, avant de mourir, au peuple d'Israël : « Il [Yahvé] l'a transporté [son peuple] sur les hauteurs du pays, pour le nourrir des produits des champs ; il lui a fait sucer le miel du rocher [...] » (Deutéronome).

Le miel et la mort

Dans les temps anciens, de nombreuses cultures utilisèrent le miel comme offrande aux défunts, ce qui s'explique par les vertus protectrices et purificatrices qui lui étaient attribuées. Il en était ainsi chez les Grecs. « Je verse sur la terre du tombeau le lait, le miel, le vin, car c'est avec cela qu'on réjouit les morts. », déclare Iphigénie dans la tragédie d'Euripide, *Iphigénie en Tauride*. Il en était de même dans le culte de Mithra, grande divinité des Perses ; le miel purifiait des péchés, parce qu'il était produit par un insecte pur, ne connaissant que « le contact des fleurs parfumées ». D'après Strabon et Cicéron, le miel servait à l'embaumement. Scythes et Spartiates l'ont, semble-t-il, utilisé à cette fin pour leurs rois.

À sa mort, Alexandre le Grand aurait été ainsi embaumé. Enfin, le miel symboliserait-il une nouvelle vie après la mort ? Certains interprètent de la sorte l'énigme de Samson qui, ayant tué un jeune lion et trouvé dans son corps un essaim d'abeilles et du miel, proposa aux Philistins conviés au festin qu'il donna pendant sept jours (Ancien Testament) : « De celui qui mange est sorti ce qui se mange, du fort est sorti le doux. » Et le texte biblique de conclure : « Les gens de la ville dirent à Samson, le septième jour, avant le coucher du soleil : "Quoi de plus doux que le miel et quoi de plus fort que le lion ?" »

Des vertus tôt reconnues

Pour être bénéfique, le miel doit être pur et de bonne qualité. Il entre aujourd'hui encore dans la composition de certaines préparations thérapeutiques. Les propriétés adoucissantes, pectorales, béchiques et laxatives qui le caractérisent sont connues depuis des temps très anciens.

Les miels « d'apothicairerie »

Dès le Moyen Âge, le miel rosat fut consommé pour compenser l'effet néfaste de certains aliments, notamment celui des pommes douces sur les nerfs. Il s'employait aussi en gargarisme pour compenser l'action nocive du lait aigre sur les dents et les gencives. Les époques qui suivirent en firent grand usage pour ses vertus astringentes. Une égale faveur alla au miel violat, doté de qualités comparables. De même, avec une infusion de scille, plante bulbeuse de la famille des liliacées, on fit du miel scillitique, drastique et diurétique. Miel mercurial, purgatif, miel térébenthiné, recommandé pour les névralgies ou la sciatique, et même miel de tabac, violemment purgatif… Le miel était l'un des ingrédients indispensables à l'apothicaire.

En haut
Le miel rosat associe traditionnellement au miel le suc de roses rouges fraîchement cueillies, réduites en pâte dans un mortier, puis pressées.

Page de droite
Affiche ancienne de Louis, Clermont-Ferrand.

Dans le secret de l'officine

L'apothicaire utilisait aussi le miel dans les électuaires, médicaments de consistance molle que l'on léchait et dont le plus connu, la thériaque, fut, dès l'Antiquité, considéré comme une panacée. Il l'incorporait à de nombreux sirops destinés à apaiser les affections respiratoires, l'associait

Une alimentation saine

Dans la cuisine du Moyen Âge, le miel s'emploie avant tout pour ses vertus médicinales, comme en témoigne le manuscrit du *Tacuinum sani-tatis* (XIVe siècle). Le miel y est combiné à la grenade acide dans une confiserie qui neutralise la nocivité du fruit. Associé aux dattes, il lutte contre le caractère « relâchant » du coing. Avec de l'huile, il combat les douleurs stomacales que peuvent provoquer les cucurbitacées. En outre, il s'impose à la consommation des poissons salés à travers un vin rouge miellé doux. Il accompagne aussi le lait caillé ou le fromage frais pour en annihiler les effets négatifs et enrobe le cumin des prés pour faire du chevreau la meilleure viande qui soit pour la santé.

Ci-dessus
La grenade acide. Illustration de *Tacuinum Sanitatis*. Au Moyen Âge, le jus de la grenade, mêlé à du miel, constituait un onguent pour les yeux.

Le miel violat

« Mêler dans un pot de terre quatre livres de violettes récentes, avec douze livres de miel commun, boucher le pot, et le mettre en digestion dans le fumier, ou en un autre lieu chaud, sept ou huit jours ; ensuite, faire une forte décoction de fleurs et de feuilles de violettes, la couler, la mêler dans une bassine avec la matière digérée, faire bouillir le mélange jusqu'à diminution d'environ le quart de l'humidité, la couler avec expression, et faire cuire la colature jusqu'à consistance de sirop, l'écumant de temps en temps ; garder ce miel dans des cruches de grès. »

***La Nouvelle Maison rustique,* 1804.**

En haut
Affiche
de L. Leguet
(fin du XIXe siècle).

Page de droite
La sève de pin, le miel et l'eucalyptus combinent leurs vertus respectives dans des pastilles dont les Vosges se sont fait une spécialité.

à des plantes et à des gommes à diverses fins thérapeutiques, l'employait pour la confection de friandises médicamenteuses.

Des remèdes de grand-mère

À la maison, le miel était tout aussi essentiel. Il permettait de rétablir, grâce à ses nombreuses propriétés, un équilibre compromis par certains aliments. Par ailleurs, son absorption visait, le matin, à prévenir les mauvais effets du tabac, le soir, à favoriser le sommeil, avant le repas, à ouvrir l'appétit, quotidiennement, à lutter contre la constipation ou à faire disparaître les crampes, et occasionnellement, à émerger de l'ivresse. Son application en cataplasme permettait d'activer la guérison des brûlures ou de remédier aux engelures. Mélangé pour moitié avec de la farine, il formait un onguent efficace contre abcès et furoncles. On utilisait aussi le miel en suppositoire avec du sel. On fabriquait soi-même sirops et gargarismes contre le rhume, la toux et les maux de gorge.

Par ailleurs, quelques gouttes de miel liquide mêlées à une cuillerée à café d'eau chaude composaient un « collyre » pour lutter contre l'inflammation des yeux. Enfin, pour calmer l'irritation due aux piqûres d'insectes, on avait recours à de l'eau de miel tiède, à raison d'une cuillerée à thé de miel pour un litre d'eau bouillante.

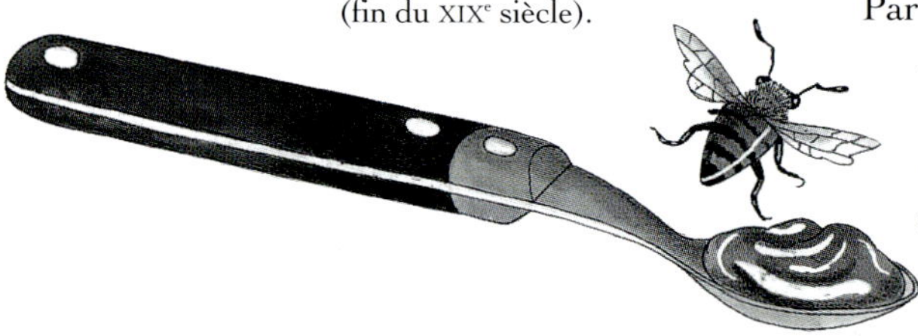

L'aliment du mieux-être

Source de vitalité, doté de propriétés immunobiologiques et antibactériennes, dispensateur d'effets salutaires sur diverses maladies, le miel est un aliment pur qui ne fait l'objet d'aucune contre-indication majeure hors le cas du diabète. Les expérimentations effectuées par médecins et chercheurs ont mis en évidence son incontestable utilité pour la santé.

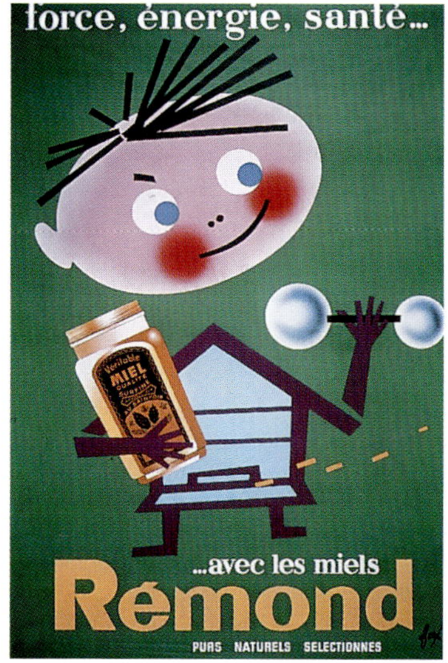

En haut
Affiche publicitaire de Philippe Foré (Paris, 1956).
Les propriétés du miel corroborent souvent les vertus médicinales des plantes dont il provient.

Un concentré d'énergie

Sans entrer dans le détail de ses composants, dont les proportions diffèrent suivant les miels, il faut noter sa forte teneur en sucres : environ 75 % ; les plus importants sont des sucres simples : le lévulose (environ 40 %) et le glucose (entre 33 et 36 %). À cela s'ajoutent, en très petites quantités, des sucres composés (saccharose et maltose). Quant aux miels de miellat, ils contiennent un sucre qui leur est propre, le mélézitose. Cette richesse en sucres directement assimilables par l'organisme fait du miel un aliment éminemment énergétique, d'autant que sa valeur nutritive est importante : 312 Kcal pour 100 g ; 1 kg de miel équivaut ainsi à 12 kg de viande rouge ou à 50 œufs.

Les vertus des miels

Les faibles quantités de sels minéraux et de vitamines que contient le miel ne semblent pas amoindrir l'efficacité de ces composants. Chaque miel a ses propres spécificités thérapeutiques. Selon les spécialistes, les miels foncés, plus riches en constituants minéraux, sont les plus actifs, de même que les miels les plus aromatiques sont les plus calmants. À défaut de pouvoir passer en revue les qualités des divers miels, nous nous limiterons aux crus les plus courants. Le miel d'acacia prévient les crampes nocturnes. Le miel de châtaignier active la circulation sanguine et lutte contre la fatigue. Le miel d'oranger présente des vertus calmantes, sédatives et antispasmodiques. Également sédatif, le miel de tilleul est aussi favorable à l'estomac et aux intestins. Les miels de sainfoin, de trèfle blanc et d'aubépine sont calmants et antispasmodiques. Le miel d'eucalyptus combat les affections des voies respiratoires, tout comme le miel de pin ou celui de sapin, particulièrement recommandés pour les bronches. Efficace contre les toux quinteuses et les migraines, le miel de lavande est, par ailleurs, antiseptique, à l'instar des miels de thym et de serpolet, tous deux extrêmement toniques. Le miel d'origan concerne l'asthme et les rhumatismes. Le miel de romarin possède diverses propriétés ; on l'emploie contre les problèmes hépatiques, l'épilepsie, les rhumatismes, l'asthénie… Enfin, on attribue au miel de bruyère de nombreuses vertus thérapeutiques ; il est principalement diurétique, antirhumatismal et conseillé contre l'anémie.

Le saviez-vous ?

• Le pouvoir sucrant du miel est supérieur à celui du saccharose (de 120 à 135). Aussi est-il conseillé de réduire la dose lorsqu'on le substitue au sucre dans une boisson ou une préparation.

• Évitez de chauffer le miel pour le liquéfier, sous peine de lui faire perdre de ses qualités. Si vous êtes contraint de le faire, effectuez l'opération au bain-marie.

• En cas de « perte de tonus », consommez quotidiennement 50 à 100 g de miel.

• Sucrer une tisane avec le miel provenant de la même plante ne peut que renforcer l'effet de cette dernière.

Le miel,
auxiliaire de l'art culinaire

Le sucre fit-il de l'ombre au miel ? Pendant plus de trois cents ans, la gourmandise montra une nette prédilection pour le sucre, que le « miracle » de la betterave mit plus encore à sa portée. Pourtant, boissons, friandises, pâtisseries et même apprêts culinaires savent harmonieusement jouer avec les saveurs et les arômes du miel. Mille et une compositions toutes de finesse et de subtilité que nous redécouvrons aujourd'hui…

D'ici et d'ailleurs, les friandises au miel

C'est avec le miel que l'homme fit l'apprentissage de la gourmandise. Les Romains l'employèrent pour conserver les fruits et confectionnèrent de la sorte les premiers fruits confits, particulièrement recherchés à l'époque. « Si l'on te sert des coings de Cydon saturés de miel attique, tu pourras les appeler pommes de paradis », lit-on sous la plume de Martial.

L'ART DES « CONFITURES SÈCHES »

Ce mode de confisage des fruits allait être pratiqué jusqu'à ce que le sucre, rapporté en Occident par les croisés qui l'avaient découvert à la faveur de leurs expéditions en Terre sainte, devienne l'édulcorant privilégié. Mais, parce que celui-ci resta longtemps denrée de luxe, l'évolution se fit lentement. L'emploi du miel fut quasi généralisé jusqu'à la Renaissance. Daté de la fin du XIVe siècle, *Le Ménagier de Paris* indique ainsi comment confire les noix au miel, avec un clou de girofle et un dé de gingembre pour les parfumer. Dans ce même traité, une recette de « condoygnac » – nous dirions « cotignac » – explique comment réaliser des pâtes de coings avec du miel. Un siècle et demi plus tard, le plus célèbre des maîtres ès confitures, Nostradamus, utilisera largement le sucre mais, pour quelques fruits confits, citron et orange notamment, il reconnaîtra le miel tout aussi recommandable. Seule la confiture de gingembre vert ne pourra, à ses yeux, être faite qu'au miel.

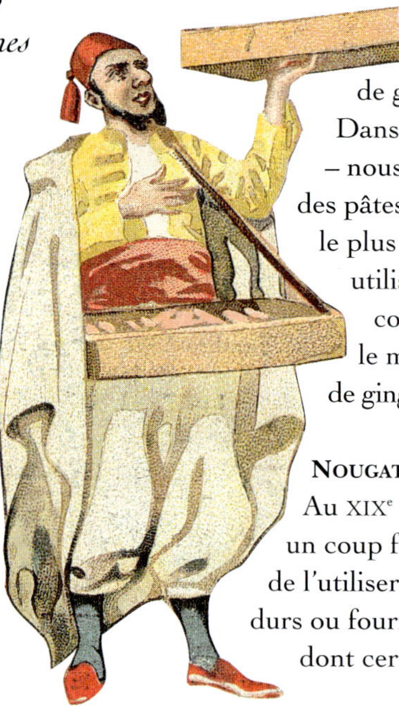

En haut
Un marchand de bonbons lors de l'Exposition universelle de 1878.

Ci-contre
Un marchand de nougat « à l'orientale ».

NOUGAT, TOURON, TURRÓN, TORRONE...

Au XIXe siècle, la mise au point du sucre de betterave porta un coup fatal au miel en confiserie. Néanmoins, on continua de l'utiliser pour plusieurs friandises, telles que des bonbons durs ou fourrés, des pastilles, des caramels et surtout le nougat, dont certains pays méditerranéens perpétuent la tradition.

Cette délicieuse pâte, aérée ou non, garnie de fruits secs et plus ou moins tendre, allie généralement du miel au sucre. En France, pour le nougat de Montélimar, strictement réglementé, les matières sucrantes doivent contenir au moins 25 % de miel, l'emploi d'un renforçateur d'arôme de miel étant interdit. L'exigence vaut aussi pour le nougat de Provence. Quant au nougat à pâte aérée, sans appellation d'origine, il ne peut être dit « au miel » que si le miel y représente au minimum 20 % en poids des matières sucrantes mises en œuvre.

Le confisage au miel

« On peut confire au miel tous les fruits qui confisent au sucre. Il faut pour cela choisir le plus beau miel, le clarifier dans la poêle sur le fourneau en le faisant cuire à petit feu, et en le remuant avec soin jusqu'au fond avec une gâche, pour que le miel se cuise aisément ; sa cuisson n'est parfaite que quand un œuf de poudre y surnage sans couler au fond. »

***La Nouvelle Maison rustique*, 1804.**

Du côté de l'Orient

À défaut d'apporter aux friandises son pouvoir sucrant, le miel intervient donc aujourd'hui pour son parfum. D'où l'emploi de miels très aromatisés en confiserie (bruyère et sapin, notamment). Cela se vérifie à travers les suaves douceurs orientales, comme le *rahat loukoum,* dont le seul nom – « délice du gosier » – est une invitation à la gourmandise. Ses cubes roses ou verts dissimulent sous leur enrobage de sucre glace une pâte à la fois consistante et souple, presque transparente, élaborée à partir de sucre, de miel, de sirop de glucose, d'amidon de maïs, aromatisée et colorée, parfois garnie de fruits secs.

Les bonbons au miel ajoutent au plaisir gourmand le réconfort de leur saveur chaleureuse.

De suaves douceurs au miel

« Celui-ci [le second service] se compose de noix, de figues associées à des dattes rugueuses, de prunes, de pommes parfumées dans de larges corbeilles et de raisins cueillis sur une vigne aux feuilles empourprées. Au milieu, brille l'éclat d'un rayon de miel ; mais surtout, ce qui vaut mieux encore, se montrent des visages bienveillants et un accueil qui n'exhale ni l'indifférence, ni la pauvreté… »
Ovide, Métamorphoses.

En l'honneur des dieux
Au début, le rayon de miel se suffit à lui-même, douceur sans apprêt qui, stimulant la gourmandise, lui inspira peu à peu plus de sophistication. Et l'homme créa des gâteaux… Il semble que ces premières pâtisseries au miel aient eu surtout un rôle votif. Les « pains au miel » des Anciens, dont le pain d'épices d'aujourd'hui serait le digne héritier, étaient en effet utilisés comme offrandes destinées à certaines divinités pour les honorer ou les implorer. Dans l'une de ses *Idylles,* le poète grec Théocrite mentionne ainsi des gâteaux confectionnés à Syracuse, à partir de farine, de miel et d'huile, à l'occasion des fêtes données en l'honneur d'Adonis.

Les premiers gâteaux
Friands de mets sucrés à l'instar des Grecs, les Romains confectionnaient de nombreuses *dulcia* (« sucreries ») où le miel intervenait abondamment. Le plus souvent, ils arrosaient de miel écumé les gâteaux encore chauds, à peine sortis du four ou du bain de friture, et veillaient à ce qu'ils en soient bien imprégnés. En humectant le pain du Picenum dans du lait miellé, ils lui donnaient des allures de gâteau. Ils associaient

Page de gauche, en haut
Gravure extraite d'un opuscule publicitaire ancien.

Ci-contre
Publicité chromolithographique de la fin du XIXe siècle.

également volontiers le miel au fromage. Le *savillum* était ainsi un gâteau de fromage édulcoré au miel, servi arrosé de miel et parsemé de graines de pavot. Quant aux entremets, composés d'œufs, de lait et de miel, ils étaient curieusement relevés de poivre. Autre époque, autres goûts…

UNE NOTE ORIENTALE

Les pâtisseries qui caractérisent aujourd'hui les cuisines du Maghreb, des Balkans et du Moyen-Orient font écho aux recettes de la Grèce antique. Généralement frites à l'huile, elles allient miel et farine à divers fruits secs (amandes, pistaches, pignons, noix, dattes, etc.). Souvent, elles sont servies accompagnées de miel liquide, à moins qu'un sirop de miel, parfumé à l'eau de fleur d'oranger, ne soit versé chaud sur le gâteau pour en rehausser la douceur. C'est, notamment, le *baklava*, dont la superposition de fines feuilles de pâte feuilletée masque, selon les pays, une délicate pâte d'amandes ou un mélange de noix, miel et épices. C'est aussi le *makroudh*, gâteau de semoule farci de dattes qui

Une tarte au miel

« Le service suivant fut une tarte froide, sur laquelle on avait répandu du miel chaud, de l'excellent miel d'Espagne*. De la tarte, je ne mangeai pas une miette, mais le miel, je m'en suis mis jusque-là. »

Pétrone, *Le Satiricon*.

*** Il s'agit sans doute de miel infusé dans du vin d'Espagne.**

se sert nappé de miel, le *m'guerguechat*, serpentin frit que l'on trempe dans du miel additionné de quelques gouttes d'eau de fleur d'oranger, ou le *kadayif*, pâtisserie composée de cheveux d'ange et de pâte d'amandes. De même, gaufres et beignets se consomment ruisselants de miel fondu.

DIVERSES TRADITIONS

Miel et fromage blanc ou yogourt, miel et crêpes, miel et fruits (exotiques, notamment), miel et noix, miel et épices…, autant de mariages heureux que décline l'art de la pâtisserie autour du monde. Les Turcs sont friands de galettes au miel et au sucre (*kurabyé*), les Grecs de petits beignets au miel et à la cannelle (*loukoumades*) et d'un certain gâteau au miel et aux noix, le *karidopita*. Les Ukrainiens confectionnent un gâteau du nom de *mieddyvnyk*, les Russes les *miedovyïé prianiki*, à base de miel corsé et sombre et de farine de seigle. Les Américains parfument au miel *brownies*, *muffins* et *cookies*. Les Allemands, quant à eux, ont de tout temps privilégié les gâteaux au miel (*Honigkuchen*), aux formes et aux motifs décoratifs recherchés qui participent à la convivialité des moments festifs.

Ci-dessous
Vendeuse de miel et de pommes, gravure de Johann Feigel d'après Johann Christian Brand, 1775.

Une pâtisserie grecque

« Prenez des noix, des amandes, de la graine de pavot que vous ferez griller avec attention.
Broyez-les bien ensuite dans un mortier propre, mêlez ces trois fruits ensemble, triturez-les en y jetant du miel écumé, du poivre, et amalgamez bien le tout ; cela deviendra noir à cause du poivre.
Aplatissez cette pâte au carré.
Broyez ensuite du sésame blanc, malaxez-le avec de la farine et du miel écumé, pour en faire deux galettes entre lesquelles vous placerez la pâte noire précédente, en l'ajustant bien au milieu.
Cuire ces gâteaux au four ou les frire dans l'huile. »

Athénée, *Le Banquet des savants*, IIIe siècle.

Douceur et sagesse

« Je me fais assez l'effet d'avoir été dans mon enfance comme une de ces ruches où des gens sans culture ni prétentions apportaient le miel de leur expérience et de leur connaissance de la vie, enrichissant mon âme avec générosité, selon leurs moyens. Souvent ce miel était impur et amer, néanmoins, la connaissance est toujours un butin. »

Maxime Gorki, *Ma Vie d'enfant*, IX.

Le symbole de la douceur

Le recours au miel pour désigner ce qui est doux et agréable est fort ancien. Un poème d'amour égyptien datant de la XVIIIe dynastie (1580-1320 av. J.-C.) compare la douceur du bruissement d'un petit sycomore planté par la belle à « un breuvage de miel ». Cette douceur du miel répond à l'amertume de l'absinthe, dans la Bible par exemple, ou, plus souvent, à celle du fiel. Ainsi, Lamartine, écrit-il dans *L'Automne* (*Les Méditations poétiques*) :

« Je voudrais maintenant
vider jusqu'à la lie
Ce calice mêlé de nectar
et de fiel :
Au fond de cette coupe
où je buvais la vie,
Peut-être restait-il
une goutte de miel. »

« Le miel de la sagesse »

Tel est le rôle spirituel que lui attribue le biblique Livre des Proverbes. On peut y lire : « Mon fils, mange du miel, car il est bon ;/un rayon de miel est doux à ton palais./Sache que la sagesse est la même chose pour ton âme ;/si tu l'acquiers, il est un avenir,/ et ton espérance ne sera pas frustrée. » Le miel de la connaissance apporte le bonheur à l'homme. « C'est pourquoi le Seigneur lui-même/vous donnera un signe :/Voici que la Vierge a conçu,/et elle enfante un fils,/ et elle lui donne le nom d'Emmanuel./Le lait caillé et le miel seront sa nourriture,/ au temps où il saura rejeter le mal/et choisir le bien », lit-on encore dans l'Ancien

Testament (Livre d'Isaïe). Cette symbolique était déjà présente dans les traditions orphiques. Dans l'Antiquité, le miel constituait, en effet, l'aliment des sages. Pythagore ne se nourrissait-il pas que de miel, comme le veut la légende ?

Un langage de miel

On évoque parfois les « paroles de miel » pour traduire l'agrément, voire le charme, de certains propos. Dans la Bible, la parole de Dieu s'apparente au nectar des abeilles ; dans le psaume CXIX, Mem dit d'elle « Que ta parole est douce à mon palais,/plus que le miel à ma bouche ! » Par une douceur comparable à celle du miel s'exprime aussi un immortel amour : « Tes lèvres distillent le miel [ma] fiancée,/le miel et le lait sont sous ta langue [...] », déclare l'époux dans *Le Cantique des cantiques*. Mais la douceur peut aussi dissimuler une arrière-pensée et être sournoisement séduisante. Une formulation mielleuse est plutôt doucereuse. Si l'on dit d'une personne qu'elle est « tout miel », c'est-à-dire douce et affable, on dira d'une autre, non sans méfiance, qu'elle est « tout sucre tout miel », masquant alors une certaine hypocrisie. Par ailleurs, les « paroles miellées » ne sont pas toujours efficaces. Pour preuve, celles que le berger Tircis adresse aux poissons pour les piéger s'envolent avec le vent ; il devra recourir à un rets pour parvenir à ses fins.

Inégalable pain d'épices…

Si les Grecs appréciaient ce melitounta *que la mythologie mentionne, qu'Aristophane évoque dans ses pièces et dont, plus tard, Athénée donne un version approchante sous le nom de* melitates *dans son* Banquet des savants*, les Romains furent tout autant friands du* panis mellitus*, que Caelius Apicius décrit dans le* De re coquinaria.

UN METS SACRÉ

D'après Virgile (*Enéide*, L. VI), un gâteau « soporifique de miel et d'épices » aurait permis à Énée, guidé par la sibylle de Cumes, d'endormir le monstre Cerbère et de pénétrer au royaume des Morts. Mais l'emploi du miel ne se limitait certes pas à cette variété de douceurs, et on trouve traces d'autres préparations voisines, tel le *farreum*, gâteau de froment et de miel que les pauvres de la Rome antique offraient à leurs divinités, selon le témoignage de l'écrivain Pompeius Festus.

VENU DE CHINE ?

Selon certains, le pain d'épices est une invention asiatique. Il est vrai que, dès le Xe siècle, un « pain au miel » (*mi-kong*) était courant en Chine. Son rôle d'aliment lui valut d'être incorporé aux rations des cavaliers de Gengis Khân, au XIIIe siècle. Le « gâteau d'abeilles » (*fong-gao*), confectionné avec de la farine de riz et garni de jujubes ou de pépins de pastèque, en serait une adaptation moderne. Les Arabes se seraient inspirés de ce *mi-kong* pour

confectionner un « pain » alliant miel et épices. « Il ressemble par le nombre de ses épices au camphre broyé auquel on aurait mélangé des fragments d'ambre et de musc », écrit le poète Ma'muni, l'un de ses chantres.

L'apport des épices

Il est cependant plus vraisemblable de penser que, dans le secret de nos châteaux et de nos couvents, le pain au miel, héritier du *panis mellitus* latin, était apprécié de longue date lorsque fut introduit d'Orient l'engouement pour les épices. Sur cette transformation du pain au miel en pain d'épices, par l'addition de cannelle, gingembre, clous de girofle, etc., aucun détail ne nous est parvenu.

La fin du Moyen Âge vit le pain d'épices en bonne place au sein d'un éventail de douceurs des plus restreints. Les grands de la cour le goûtaient fort. Parmi eux, Agnès Sorel, favorite de Charles VII,

Une offrande d'usage

Le pain au miel était également connu des vieux peuples nordiques. À l'occasion des fêtes du solstice d'hiver notamment, coutume était de faire don d'un sanglier aux dieux ou, faute de pouvoir se procurer l'animal, de lui substituer son image en *hönigbrot*, une pâtisserie à base de farine et de miel, parfumée au fenouil. Ainsi était honoré le premier des dieux, Odin.

Le temps a fini par oblitérer l'étiquette thérapeutique qui fut longtemps attachée au pain d'épices. Mais, aujourd'hui, pour n'être pas négligé par les diététiciens, qui mettent en exergue son apport en vitamines, sa richesse en calories, etc., le pain d'épices n'y a pas moins gagné une aura « gastronomique ».

Le rôle festif du pain d'épices

Son appartenance aux coutumes de plusieurs pays et régions en porte témoignage, comme son lien séculaire avec les grandes réjouissances populaires. Les recherches dont il fit l'objet quant à sa présentation et l'art qu'ainsi il suscita en confirment la portée. En France, Reims et Dijon lui doivent une part de leur renommée. De même que Nuremberg (Allemagne), Bâle (Suisse) ou Dinant (Belgique) ont acquis une réputation par les particularismes qu'elles lui ont apportés.

À droite
À Paris, à partir de 1805, une petite fête foraine se déroula dans le faubourg Saint-Antoine et gagna peu à peu du terrain, vers la barrière du Trône. En 1841, elle installait son cœur sur la place du Trône (ainsi baptisée en 1660, à la faveur de l'entrée à Paris du Roi-Soleil et de Marie-Thérèse, qui avaient été sacrés à Reims).

Ci-contre
Également appelée « Foire au pain d'épices », la Foire du trône connut son apogée au XIXe siècle. « Par la place énorme qu'y occupe sous toutes ses formes – en carrés, en rectangles, en losanges, en pavés, en couronnes, en bonshommes, à l'angélique, au citron, aux amandes – la pâtisserie populaire dont elle a pris le nom, [...] elle est la véritable héritière de la foire Saint-Ovide, qu'on appela souvent d'ailleurs la Foire au pain d'épices lorsqu'elle se fut transportée place Louis XV » (Victor Fournel, 1887).

en faisait, dit-on, une large consommation. Tout comme, quelques décennies plus tard, en pleine Renaissance, Marguerite de Navarre, sœur de François Ier. Nul ne lui résistait, pas même un poète tel Clément Marot. Ne trouve-t-on pas sous sa plume, dans le *Dialogue fort joyeulx* : « L'esté lui donnoys des raisins/Des pommes, des prunes, des poires/Des pois vertz, des cerises noires/Du pain benist, du pain d'espice/Des echaudéz, de la réclisse/Du bon sucre et de la dragée... » ? Cette faveur allait pourtant décliner sous le règne d'Henri II, en un temps où le bruit courut que les Italiens, passés maîtres dans l'art du pain d'épices, incorporaient du poison dans leurs produits. Et bien qu'il fût remis à l'honneur sous Henri IV, il fallut ensuite attendre la fin du XVIIe siècle pour que le pain d'épices regagnât sa vogue ancienne.

À gauche
Le pain d'épices est la pâtisserie emblématique des marchés de Noël allemands.

D'HIER À AUJOURD'HUI

Sans doute le pain d'épices d'alors était-il bien différent de celui d'aujourd'hui. Si sa forme variait au gré de la fantaisie de son créateur – ici en losange, là en cœur, ou encore tout simplement découpé en carré –, s'il était indifféremment garni d'écorces de citron, d'amandes, de pistaches, de nonpareilles ou de dragées, sa recette ne serait pas sans surprendre notre sensibilité gustative. Comme le précise René Gandilhon, il était, à la fin du XVIe siècle, confectionné à partir de quatre livres de farine, d'une livre de miel cuit, de deux onces de cannelle, d'une demi-once de gingembre, de deux drachmes de poivre et de deux drachmes de girofle, « l'un et l'autre concassés de gros en gros », puis le tout lié avec de l'eau chaude. Mais, au cours des siècles suivants, le goût pour les épices s'atténua et, du même coup, le pain d'épices les utilisa avec plus de modération… jusqu'à même supprimer le poivre. La saveur du miel s'en trouva exaltée.

À Dijon

« Pain d'épices et nonettes : mélange charmant du miel et des amandes, molle résistance sous la dent, sous la langue, de la pâte mordorée – arabesques de l'angélique, éclat des fruits confits, qui apparentent les pavés de pain d'épices aux lourds antiphonaires du Moyen-Âge […] – ; nonnettes, vêtues d'argent, rondes, familières, fourrées de confitures – pain d'épices patriotique, français, national – honneur et longue vie au pain d'épices de DIJON ! »

Robert-Robert,
***Le Gourmand Vagabond*,**
1928.

Page de gauche
De moelleuses nonnettes.

Ci-contre
À l'occasion de la Foire des barricades, qui eut lieu à Chartres en 1594, les pains d'épiciers de la ville créèrent le pavé, dont la forme nous est parvenue.

Le miel, ingrédient culinaire

Le miel peut remplacer le sucre partout où celui-ci intervient, à condition de veiller à bien le doser. Mais aujourd'hui, la saveur miellée se rencontre surtout dans la cuisine américaine, certaines recettes méditerranéennes (sardes, en particulier) et des apprêts orientaux. Les miels de thym, de romarin, de tournesol et « mille-fleurs » sont les plus appréciés pour les préparations culinaires.

UNE TRADITION ANCIENNE

Hors la pâtisserie et les friandises, les Romains utilisaient beaucoup le miel en cuisine. Ils en enrobaient les viandes, crues ou cuites, pour préserver leur fraîcheur. Ils en badigeonnaient les viandes bouillies avant de les faire rôtir ou les arrosaient d'une sauce à base de miel avant de les consommer. Comme ils appréciaient la saveur aigre-douce, ils introduisaient du miel dans la plupart des sauces destinées à accompagner gibier, légumes ou poissons ; à cette fin, ils l'associaient au vinaigre, aux herbes et à de nombreux autres ingrédients – parmi les hors-d'œuvre « fort distingués » servis lors du banquet de Trimalchion figurent « des loirs saupoudrés de miel et de pavots ». Ils incorporaient aussi du miel au *garum*, saumure obtenue par macération de poissons dans du sel, à laquelle ils ajoutaient du vinaigre, de l'huile, du poivre, etc. Ainsi en édulcoraient-ils légèrement la saveur s'il s'avérait trop salé. La cuisine romaine ne pouvait donc se passer de miel… Il était fréquent d'ailleurs qu'elle mélangeât les deux qualités de miel disponibles à l'époque, le *mel optimum* (miel supérieur) et le *mel secundum* (miel ordinaire).

Des recettes oubliées

Au cours du Moyen Âge, le miel céda peu à peu la place au sucre et, parallèlement, le goût pour le sucré-salé s'estompa. Les « compotes » de légumes au miel (navets et carottes, entre autres) que mentionne *Le Ménagier de Paris* servaient de condiments pour accompagner une viande rôtie. Mais les mets aigres-doux dont nous avons gardé la trace sont, en fait, peu nombreux. C'est, par exemple, lors d'un repas officiel donné au XIVe siècle à Weissenfels (Allemagne) une « soupe aux œufs avec safran, poivre et miel ». C'est aussi une recette napolitaine du XVe siècle, qui saupoudre de cannelle et nappe de miel un riz cuit dans un bouillon safrané, puis additionné de jaunes d'œufs et de parmesan.

L'aliment des fellahs

« Le roi Mouton règne sur une nombreuse et puissante clientèle, comportant principalement les viandes. Il entend parler de la puissance d'un rival, le roi Miel, que les pauvres ont élevé au pouvoir et qui règne sur les légumes, les fruits, les douceurs, les poissons, les laitages et particulièrement les rafraîchissements au marché. Le roi Mouton envoie au roi Miel un ambassadeur, la queue grasse du mouton, pour lui enjoindre de se soumettre à sa domination. Le roi Miel refuse et mobilise, mais le messager a profité du séjour à sa cour pour débaucher ses grands officiers, en particulier le sucre, le sirop, la graisse fondue, etc., auxquels il a promis de meilleures places à la cour de son maître. La bataille qui s'engage entre les deux armées est gagnée par les troupes du roi Mouton grâce à cette trahison, malgré l'arrivée du renfort des fruits au secours de l'armée déjà ébranlée du roi Miel. »

Conte égyptien, XVe siècle.

Un apprêt exotique

Mets traditionnel des Indiens du Mexique, les *tamales* sont aussi très appréciés dans les États du sud-ouest des États-Unis. Leur préparation est ancienne. À l'époque de la Conquête, les Aztèques préparaient déjà des *tamales* rouges aux haricots et des *tamales* au miel ; c'étaient alors des apprêts nobles. Il s'agit, en fait, d'une farce composée de grains de maïs et d'un hachis de viande (parfois aussi de petits poissons, légumes ou olives) fortement épicée et enfermée dans une feuille de maïs. Les rouleaux, salés ou sucrés au miel, sont ensuite cuits dans les cendres d'un feu de bois ou, plus souvent aujourd'hui, à la vapeur, voire à l'eau salée.

Un goût retrouvé

Les viandes grillées, principalement les pièces de porc, s'accommodent fort bien d'une touche de miel, soit dans la marinade dans laquelle on les fait macérer (la préférence sera donnée à un vin cuit), soit dans la sauce destinée à accompagner leur service. Ainsi, tout au long de leur cuisson au grill, les *spare ribs* à l'américaine – il s'agit de travers de porc – sont régulièrement badigeonnés avec un mélange de miel, de jus de citron, d'huile, de sauce soja, de ketchup et de gelée de groseille. De même, le miel peut être utilisé pour la confection des sauces servies avec certaines volailles poêlées, tel le magret de canard – le déglaçage se fait souvent avec un vinaigre aromatisé.

À gauche
Rien n'interdit d'incorporer une cuillerée à café de miel dans l'assaisonnement de la salade, lorsque celui-ci, préparé avec de l'huile d'olive et du jus de citron, est bien relevé.

Ci-dessus
Déjà très apprécié dans la Rome antique, le vinaigre de miel est élaboré uniquement à partir de miel et d'eau. Les deux fermentations successives donnent un produit doux, à la saveur fine. Il peut être aromatisé, à la framboise ou à l'estragon, par exemple.

Un breuvage millénaire

Clair et doré, avec un goût prononcé de miel, l'hydromel titre environ 8°. Il est plus ou moins épicé selon les contrées. Chouchen, chamillard, dourvel, mezeglen, miollette…
La Bretagne, pays des bardes, demeure un de ses terroirs de prédilection, et il y porte divers noms.

Dans les temps anciens
À la table des Gaulois, l'hydromel était une boisson courante. Pour les Celtes d'Irlande, il était réservé à la classe sacerdotale, la bière étant destinée aux guerriers. Il fut aussi le breuvage des dieux des Germains du Nord. Symbole d'immortalité, il coulait à flots dans l'Autre Monde. Ainsi, lors des banquets qu'Odin donnait au Walhalla, les Walkyries servaient aux héros bière et hydromel. Des festins divins arrosés d'hydromel se retrouvent dans d'autres mythes, notamment chez certains peuples baltes.

Ci-dessous
L'expression « lune de miel » est scandinave (*hjunottsmanathr*) et remonte au début de l'ère chrétienne. L'une des explications apportées se réfère à une ancienne coutume nordique, selon laquelle, au cours du premier mois de leur vie commune, les nouveaux mariés buvaient chaque jour une tasse d'hydromel.

Une liqueur saine…
Ainsi la préparation de l'hydromel fut-elle dans les temps anciens marquée au sceau du sacré.
Cette boisson fut aussi une des premières « liqueurs spiritueuses ». Les Grecs faisaient déjà fermenter le miel dans de l'eau pour l'obtenir, et les Romains l'appréciaient hautement.
Cet hydromel dit « vineux », par opposition à l'hydromel « aqueux » réalisé sans fermentation, était, pour la bonne règle, confectionné avec de l'eau pure de fontaine ou de rivière et du bon miel blanc.

On y ajoutait parfois, selon les recettes, du vin, des aromates ou des sucs de fruits. Il était conseillé de le préparer pendant la période chaude de l'été et de le laisser reposer tout l'hiver. Cela lui permettait d'acquérir son goût spécifique et de développer des vertus fortifiantes et adoucissantes qu'exploitait alors la médecine. Celle-ci élaborait, par ailleurs, des hydromels « vulnéraires », avec du miel et des décoctions d'herbes, destinés aux maladies pulmonaires.

... ET AISÉE À PRÉPARER

Au XIXe siècle, l'hydromel était surtout une boisson de ménage, bue indifféremment en apéritif ou en digestif. Il était courant dans divers pays de tradition celtique, mais également en Hollande ou en Pologne. Puis il perdit peu à peu du terrain… Redécouvert dans les années 1970, il connaît aujourd'hui un regain de faveur, en particulier en Bretagne.

L'hydromel est encore fort consommé par les Bretons, les Gallois et les Irlandais. Sa distillation donne une eau-de-vie non moins appréciée.

L'hydromel des poètes

Dieu guerrier, Odin gouvernait aussi la poésie et la magie. L'hydromel se trouve associé à ces deux formes d'expression et à leur fascinant pouvoir de métamorphoser le réel. Comme l'explique l'historien P. Grappin, « après bien des combats, Odin s'était rendu maître de l'"hydromel des poètes", liqueur magique qui faisait vaticiner. [...] Et il dispensait aux poètes qu'il inspire son merveilleux breuvage. La légende dit aussi que quelques gouttes tombées à terre durant le vol de l'aigle sont la part des mauvais poètes, qui se nourrissent de ces miettes, mais en qui ne souffle pas l'esprit divin. »

Des boissons et des sirops

Le miel est l'ami des boissons reconstituantes. Il peut sucrer un vin blanc chaud aux herbes, un lait vanillé, aromatisé à la fleur d'oranger, un lait d'amandes, un lait aux épices, un grog ou simplement une infusion. Mais il se substitue aussi au sucre dans certains mélanges rafraîchissants, comme les milk-shakes ou les cocktails de jus de fruits. Les miels d'acacia, de tilleul et d'oranger, voire de romarin ou de lavande, conviennent parfaitement aux boissons, chaudes et froides.

UN SIROP RÉCONFORTANT

Au XIXe siècle, où les sirops de ménage connurent une immense faveur, il était courant de confectionner un sirop de miel, aussi appelé *mellite*, que l'on servait pur ou aromatisé. Le *Manuel-Roret du Confiseur* recommande ainsi de mélanger 10 kg de miel de Narbonne (considéré alors comme le meilleur) à 7 litres d'eau chaude et de laisser refroidir, puis d'ajouter de l'alcool « jusqu'à ce qu'il ne se forme plus de précipité », de laisser reposer vingt-quatre heures, de filtrer, de distiller pour évacuer l'alcool, de clarifier et de concentrer.

DES VINS À L'ANCIENNE

Grecs et Romains faisaient grand usage de l'*oxycrat*, boisson préparée avec 2 cuillerées de miel et autant de vinaigre que l'on faisait dissoudre dans 1 litre d'eau fraîche. On en retrouve la recette au XIXe siècle sous le nom de « boisson des travailleurs », extrêmement saine et désaltérante en période estivale. Par ailleurs, les Romains aimaient les vins miellés fortement sucrés. Grâce à Apicius notamment, des recettes nous sont parvenues, héritées sans doute pour la plupart des Grecs. Au Moyen Âge, l'usage des vins épicés et miellés persista. Il s'agissait de vins de fruits (mûres, cerises et fraises, notamment)

que l'on dégustait en début de repas, comme apéritif. Le clairet était alors un vin additionné de miel et d'épices, servi avec l'issue, c'est-à-dire avec le dernier mets.

D'autres breuvages

En Russie, du miel est souvent incorporé au *kvas*, boisson domestique à base de céréales, effervescente et peu alcoolisée ; on obtient ainsi une sorte d'hydromel, le *miedovoukha*. Le miel entre également dans la boisson légèrement fermentée que consomment couramment les Lituaniens, la *krupnikas*, riche en épices.

De séduisants mélanges

Peu de cocktails ont recours au miel ; ils n'en sont que plus originaux. Si le sucre de canne est l'allié favori du rhum, le miel s'y associe également avec bonheur. Ainsi peut-on mélanger 4,5 cl de rhum ambré, 3 cl de jus de citron vert et 1 cuillerée à café de miel, avant de servir le tout avec des glaçons dans un verre ballon. Dans le même esprit, on peut marier 6 cl de rhum blanc, 2 cuillerées à café de jus de citron et 1 cuillerée à soupe de miel, puis proposer ce cocktail, avec des glaçons, dans un verre à *old-fashioned* agrémenté de feuilles de menthe.

Miel et cacao

Au XVIe siècle, les conquistadores espagnols découvrirent que le miel était l'une des principales denrées vendues au marché de Mexico. Les Aztèques sucraient au miel leur bouillie de maïs (*atolli*) quotidienne. Ainsi que l'explique Jacques Soustelle, « les riches, les dignitaires pouvaient boire du cacao, produit de luxe importé des Terres Chaudes, assaisonné de miel parfumé à la vanille, ou encore mélangé avec du maïs vert, de l'*octli* (jus d'agave fermenté) ou du piment ».

Des produits bénéfiques

Réaumur considérait les abeilles comme « une branche de l'économie rurale » extrêmement précieuse pour le miel et la cire. À ces deux produits s'ajoutent la prestigieuse gelée royale, le stimulant pollen et la non moins bénéfique propolis. Autant de substances dont les chercheurs du XXe siècle ont reconnu l'incontestable richesse pour la santé humaine et dont ils n'ont, semble-t-il, pas exploré toutes les possibilités.

Le « pain des abeilles »

Bee bread, ainsi les Anglo-Saxons ont-ils baptisé le pollen, cette fine poussière que les abeilles recueillent sur l'anthère des étamines des fleurs et qui constitue la nourriture des larves et des nymphes. Quelque 40 à 50 kg de pollen sont rapportés à la ruche pendant la période apicole.

Page de droite, en bas
La trappe à pollen permet à l'apiculteur de prélever 10 % de la récolte des abeilles, sans nuire à la colonie.

Une cueillette ingénieuse

Pour pouvoir transporter le pollen dans les sacs de ses pattes postérieures, l'abeille doit en assembler les grains microscopiques avec un liant. Cela lui est facile lorsque les fleurs donnent à la fois nectar et pollen, car elle effectue une double récolte, et le nectar lui permet d'humecter le pollen. Mais certaines fleurs ne produisent que l'une ou l'autre de ces substances ; sachant quel type de plante elle va explorer, l'abeille a soin de quitter la ruche en garnissant son jabot d'un peu de miel ou de nectar.
La récolte dure de trois à dix-huit minutes. La couleur des deux petites « pelotes » (de 6 à 8 mg chacune) ainsi formées varie selon la manière dont l'abeille procède. Leur nature peut être homogène ou panachée suivant que la butineuse visite une seule espèce de fleurs (ce qu'elle fait le plus souvent) ou plusieurs espèces.

Une composition intéressante

En dépit de leur extrême diversité, les pollens présentent une composition commune dont les éléments varient plus ou moins, en quantité ou en principes actifs. Riches en protéines (de 25 à 35 %), ils ne comportent pas moins de vingt acides aminés dont la concentration permet d'affirmer, écrit Georges Bornes, « que, dans ce domaine, 100 g de pollen équivalent à 500 g de viande

La récolte du pollen

Depuis qu'ont été mis en évidence, dans les années 1950, les effets bénéfiques du pollen sur la santé humaine, l'apiculteur prélève 10 à 12 % de la récolte pour les besoins de l'homme. Des « trappes à pollen » lui permettent, lorsque les ouvrières chargées de pollen pénètrent dans la ruche, de retenir une fraction de cette précieuse matière. Effectué en mai et juin, en pleine miellée, ce prélèvement ne doit pas porter préjudice à la colonie, car le pollen est essentiel à son développement.

Le pollen frais s'altérant rapidement, l'apiculteur doit le recueillir régulièrement, voire quotidiennement, pour le faire sécher, ce qui lui assure une bonne conservation.

Le nourrissement compensatoire

Si, à l'arrivée du printemps, les colonies ont presque épuisé leurs provisions de miel, et dans d'autres cas afférents à l'état physique ou social de la ruche, il est nécessaire de procéder à leur nourrissement. L'apiculteur peut confectionner lui-même un candi, pâte assez ferme composée de sucre en poudre et de miel liquide, ou un sirop, préparé avec du sucre cristallisé, de l'eau et du miel. Mais, aujourd'hui, il peut se procurer des produits prêts à l'emploi dans le commerce. Des compléments protéiques remplaçant le pollen et favorisant l'élevage lui sont même proposés. Parfois aussi, le nourrissement est effectué avec des cadres de miel de fleurs.

En bas
Abeille récoltant du pollen sur un genêt en fleurs. L'abeille joue un rôle important dans la fécondation des espèces végétales. Comme d'autres insectes, elle assure la pollinisation dite « indirecte », ou « croisée », des plantes entomophiles. Un grain de pollen mesure de 2,5 à 220 microns selon la fleur concernée. Sa taille se situe le plus souvent entre 20 et 40 microns.

de bœuf ou à *7* œufs ». Les pollens renferment aussi des sels minéraux et des oligo-éléments (environ 3 %). Leur apport en vitamines est également appréciable : B1 (0,5 à 0,9 g pour 100 g), B2 (0,030 g pour 100 g), B6 (traces), PP (jusqu'à 200 gammas par gramme), B5 (2,76 g pour 100 g), C (12 gammas pour 100 g)…

Un produit naturel et sain

D'une innocuité totale, le pollen se caractérise par ses propriétés toniques, stimulantes, rééquilibrantes et nutritives. Ainsi s'avère-t-il bénéfique pour combler des carences, lutter contre la fatigue, réguler la fonction intestinale, freiner la chute des cheveux…
Le pollen se consomme nature, généralement à jeun, avant le petit déjeuner. Mais, pour faciliter son absorption qui rebute certains, il existe quelques recettes simples : il peut être incorporé dans du miel liquide, en proportion d'un cinquième ; on peut aussi en faire une pâte à tartiner, malaxée à froid et composée de 10 g de pollen, 50 g de miel et 100 g de beurre.

Ci-dessus
Pour favoriser la pollinisation et accroître le rendement, il est fréquent que des colonies d'abeilles soient installées à proximité de champs ou dans des vergers.

Le « lait des abeilles »

La gelée royale est la nourriture des larves de la ruche (reines, faux bourdons ou ouvrières) au cours des deux premiers jours de leur existence. Elle ne nourrit plus ensuite que les larves royales, pendant les trois jours suivants, qui précèdent l'operculation – ouvrières et mâles doivent se contenter d'une bouillie faite d'eau, de miel et de pollen. Enfin, elle demeure l'alimentation exclusive de la reine tout au long de sa vie.

Une période limitée

La gelée royale est élaborée par les glandes salivaires frontales (« pharyngiennes ») de l'insecte. C'est entre le cinquième et le quatorzième jour de leur vie que les ouvrières, alors « nourrices », produisent cette sécrétion blanchâtre et opalescente, de texture gélatineuse et de saveur astringente. Au sortir de l'alvéole, par suite de son fort taux d'acidité, la gelée royale se transforme, durcit plus ou moins et prend rapidement une teinte foncée.

Ci-dessus
Furze Blossom Good body's, affiche de P. Linder (Paris, 1894).

Une garantie de longévité

Grâce à la gelée royale, le poids de la larve devient, en quelques jours, quelque mille deux cent cinquante fois supérieur au poids initial de l'œuf ! C'est dire la richesse de cette substance. Outre cette prodigieuse croissance, celle-ci assure la longévité de la reine – de quatre à cinq ans –, alors que l'ouvrière, qui ne bénéficie pas de cet aliment de choix, connaît une durée de vie bien moindre, pouvant varier de quelques semaines à six mois, suivant la saison et l'intensité du butinage.

Ci-contre
Dans chaque cellule royale, une larve repose sur une couche de gelée royale. Une cellule royale renferme, en moyenne, 150 mg de gelée, mais elle peut en contenir jusqu'à 250 mg. Il est impératif de la recueillir avant l'operculation.

Du « pollen digéré »

Ainsi le professeur Rémy Chauvin qualifie-t-il la gelée royale. Ses propriétés étaient connues depuis longtemps, mais il a fallu attendre la fin des années 1930 pour que des recherches lui soient consacrées, notamment aux États-Unis. C'est alors que fut déterminée précisément sa composition, proche de celle du pollen. Ses deux caractéristiques principales sont sa teneur en protéines, qui peut être supérieure à 45 %, et sa richesse vitaminique, notamment en vitamines du groupe B. Parmi celles-ci, l'acide pantothénique (B6) est abondamment représenté : 183 gammas par gramme pour la gelée fraîche et 511 gammas par gramme pour la gelée sèche, soit une concentration dix-sept fois supérieure à celle du pollen.

Une source de vitalité

Produit naturel dénué de toxicité, la gelée royale a été parée de toutes les vertus. Sans être la panacée que certains ont voulu y voir, elle est néanmoins dotée d'un pouvoir bienfaisant incontestable. Elle est stimulante pour l'appétit, s'avère efficace contre la fatigue physique et intellectuelle, ralentit les effets du vieillissement (sur la peau et les cheveux, notamment). Tonifiante, rééquilibrante et revitalisante, elle est, en outre, dotée d'un pouvoir antibiotique important.

Une substance délicate

La gelée royale peut être consommée pure et, dans ce cas, il est impératif de l'entreposer au réfrigérateur (5 °C). En effet, très fragile, elle se dégrade rapidement ; cela explique que certains producteurs pratiquent la lyophilisation, seule méthode qui lui assure une bonne conservation. D'autre part, on la trouve mélangée à du miel, à raison de 3 à 10 g de gelée pour 125 g de miel, ou encore mélangée à du miel et additionnée de pollen pulvérisé. Bien que plus stables, ces mélanges doivent être conservés au frais, à une température moyenne de 14 °C.

Ci-contre
La gelée royale entre dans la composition de masques de beauté, de crèmes de soins, de shampoings pour cheveux abîmés…

De l'utilité du miel

« L'abeille, pour boire des pleurs,
Sort de la ruche aimée,
Et va sucer l'âme des fleurs
Dont la plaine est semée ;
Puis de cet aliment du ciel
Elle fait la cire et le miel. »

Saint-Amant, Le Soleil levant, *XVIIe siècle.*

Le miel et la beauté

Les femmes d'autrefois utilisaient déjà le miel pour préserver leur beauté. Ainsi à Byzance les élégantes disposaient-elles de divers mélanges. Selon René Guerdan, l'un d'eux, antirides, était composé de figues grasses, de couleuvrée, de racine d'ers et de miel, tandis qu'un autre, contre les points noirs et les taches de rousseur, associait du miel à des carapaces de crabes pilées.

Aujourd'hui, les préparations sont moins sophistiquées… Une cuillerée à café de miel dans un verre d'eau minérale suffit à donner une lotion rafraîchissante et tonique pour les peaux sèches. Il est aussi toujours possible de faire soi-même des masques, car les principes à la fois adoucissants et nourrissants du miel conviennent aux peaux sèches et sensibles : crème de lait et miel liquide ; miel et eau de fleur d'oranger ; jus de carotte, crème fraîche et miel ; purée de framboises et miel liquide ; jus de concombre, miel de rhododendron et lanoline ; pulpe d'abricot et miel… les formules sont

En haut
Les éventaillistes utilisaient autrefois une colle baptisée du nom de « drogue » et faite de gomme arabique et de miel, délayés dans de l'eau et mis à fondre avec un peu de sucre candi et d'eau-de-vie.

innombrables. Mais la femme n'a plus vraiment le temps de concocter ses produits de beauté et doit se plier aux offres du commerce. Celui-ci redécouvre de plus en plus le miel, qui entre dans la composition de certains cosmétiques, shampoings et savons. Le savon au miel, recommandé par les adeptes des produits naturels, n'est, en fait, pas récent. Naguère, les ménagères le fabriquaient en mélangeant, au bain-marie, 250 g de savon de Marseille et autant de miel avec 60 g de benjoin et 30 g de borax, puis en passant le tout à travers une étamine avant de le couler dans des moules.

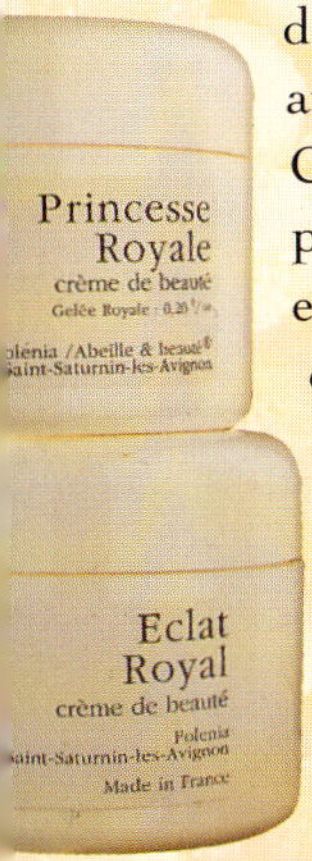

Quelques astuces

Le miel était autrefois très employé à la maison.

• Un mélange d'alun pulvérisé et de miel, cuit jusqu'à calcination, puis versé dans un matras et chauffé sur un lit de sable dans une poêle jusqu'à ce que le mélange dégage une petite flamme, permet d'obtenir un phosphore dont un grain jeté sur de l'amadou ou du papier suffit à allumer une bougie.

• Une composition faite d'une demi-livre de miel, d'un jaune d'œuf et d'un peu de sel ammoniac efface les taches sur les tissus de drap et de soie, blancs ou de couleurs.

• Pour nettoyer des soieries, il suffit de brosser doucement l'étoffe avec une « liqueur » composée de 250 g de miel, 250 g de savon noir et 1 litre d'eau-de-vie.

• Un appât efficace pour se débarrasser des mouches s'obtient en faisant bouillir un peu de bois de *Quassia amara* avec du miel et du sucre.

Une matière noble, la propolis

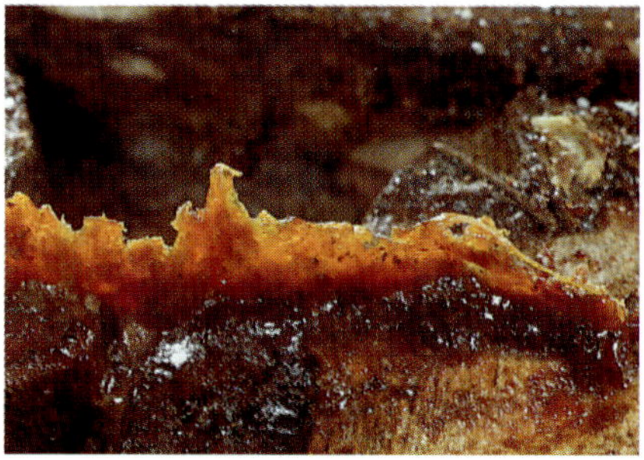

Connue depuis l'Antiquité, cette substance résineuse ou gommeuse qui « sert à calfeutrer et à consolider les édifices de la cité » (Maurice Maeterlinck) signifie « entrée d'une ville » (du grec pro, *« en avant », et* polis, *« cité »), car son utilisation première vise à protéger la ruche des agressions externes.*

En haut
La propolis a été employée comme mastic, colle, désinfectant, composant de vernis… Mille et un usages perpétués aujourd'hui par certains artisans.

Ci-contre
L'étonnante sonorité des violons du XVIIIe siècle tiendrait au vernis à base de propolis qu'utilisaient les luthiers de Crémone.

Une mystérieuse transformation

Sans doute, chez les abeilles, faut-il avoir acquis maturité et expérience pour pouvoir œuvrer autour de la propolis. Comme l'explique Geneviève Clair, il semble que les abeilles les plus âgées aient en charge ce type de travaux. Elles recueillent sur les bourgeons et l'écorce de certains arbres une substance visqueuse qu'elles transportent, en pelotes, dans les corbeilles de leurs pattes postérieures et qu'elles modifient, probablement au contact de leurs sécrétions glandulaires, selon un processus qui reste mal connu. Non moins étrangement, la production annuelle de propolis peut varier considérablement ; on la situe, en moyenne, entre 100 et 200 g par ruche. Toutefois, l'apiculteur dispose aujourd'hui de divers moyens pour l'accroître.

Un produit essentiel

Avec la propolis, les abeilles réduisent l'ouverture du trou de vol avant l'hiver, colmatent les fissures, réparent les rayons abîmés et tapissent les parois de la ruche. Ce travail, qui intervient avant la ponte, leur permet de protéger les larves des microbes et des moisissures, sur lesquels la propolis exerce une puissante action antiseptique.

Elles l'utilisent aussi pour embaumer les cadavres des petits prédateurs, tels que rongeurs et insectes, qui se sont introduits dans la ruche et qu'elles ont tués.

Des vertus médicinales

Les propriétés thérapeutiques de la propolis sont exploitées depuis longtemps en médecine et chirurgie vétérinaires. Dans le domaine de la santé humaine, elles ont, certes, intéressé la médecine populaire dans les siècles passés – la propolis était surtout employée en usage externe (onguents, lotions, fumigations, etc.) –, mais c'est au cours des dernières décennies que chercheurs et cliniciens ont confirmé ses remarquables vertus, liées surtout à des composants de nature phénolique et flavonoïdique. Ces vertus se traduisent principalement par des actions antibiotique, bactéricide et fongicide, un réel pouvoir anesthésiant, ainsi que par des effets cicatrisant, anti-inflammatoire et analgésique. De quoi justifier une récolte systématique ! Celle-ci est effectuée en été, après la miellée, par temps frais, de façon que la propolis se détache facilement des parois de la ruche et du bord des cadres, là où les abeilles la déposent.

Une substance composite

De couleur variable, allant du jaune pâle au noir en passant par un brun verdâtre, d'une odeur aromatique qui dépend de son origine, la propolis est solide, friable et insoluble dans l'eau. Elle devient malléable au-dessus de 30 °C et fond vers 60-70 °C. Elle est dotée d'un pouvoir antioxydant remarquable. Quant à sa composition, bien évidemment liée à l'arbre sur lequel la sève résineuse a été prélevée, elle comporte en moyenne 50 à 55 % de résines et baumes, 25 à 35 % de cire, 10 % d'huiles essentielles, 5 % de pollen et 5 % de matières diverses.

Les principales essences qui produisent la propolis sont l'aulne, le saule, le bouleau, le chêne, le frêne, le marronnier d'Inde et le peuplier, ainsi que les conifères (épicéa, pin et sapin).

Un matériau de construction, la cire

C'est entre le treizième et le dix-huitième jour de leur existence que les ouvrières deviennent cirières. Des glandes situées dans la partie inférieure de l'abdomen sécrètent une substance grasse que l'abeille triture ensuite avec ses mandibules et qui lui sert à fabriquer les rayons. Si la cire est essentielle à l'insecte, elle est très utile à l'homme qui, dès les temps anciens, en a exploité les vertus et mis à profit les divers emplois.

Un pouvoir bienfaisant

Un onguent composé, en proportions égales, de cire et de glycérine était autrefois appliqué sur crevasses et gerçures. À moins que ce ne fût une pommade faite avec de l'huile (de noix, de préférence) et de la cire vierge, laquelle avait en outre l'avantage de préserver la blancheur des mains. Plus près de nous, les qualités adoucissantes et revitalisantes de la cire ont été exploitées dans de nombreux produits dermatologiques et cosmétiques. En outre, des études ont montré que la cire était pourvue de réelles propriétés antibiotiques sur certaines souches de micro-organismes pathogènes.

Ci-contre
Préparation médicamenteuse de la famille des cérats, le *cold cream* est généralement fait de cire blanche, de cire de cachalot, d'huile d'amandes douces et d'eau distillée ou d'un hydrolat, telle l'eau de rose.

Les divers stades de la cire

Blanc jaunâtre, de saveur neutre, la *cire gaufrée* est la cire jaune brute, que l'on soumet à deux fontes successives pour la débarrasser de ses impuretés. Après avoir subi une décoloration au contact de minéraux argileux ou de charbon activé, puis un filtrage, elle se transforme en une *cire jaune* caractérisée par sa couleur orangée, son aspect brillant et son odeur plutôt forte. Enfin, au terme d'une exposition plus ou moins longue au soleil (tout autre mode de blanchiment est considéré par la pharmacopée comme falsification), la cire jaune laisse place à la *cire blanche* qui, comme son nom l'indique, est blanche, d'un aspect mat et lisse, d'une texture translucide.

Ci-contre
Blanchissage de la cire et fabrication des bougies au début du XIXe siècle.

La tradition des cérats

L'association de l'huile (d'olive ou d'amandes douces, notamment) et de la cire, blanche ou jaune, avec une ou plusieurs substances actives pour la confection d'onguents, de liniments et de cérats répond à un usage thérapeutique des plus anciens. Le médecin grec Galien ne fut-il pas, au IIe siècle de notre ère, le créateur d'un cérat resté célèbre ? Médicament externe, de consistance molle, le cérat est utilisé comme antiseptique et cicatrisant. Un ajout d'essence de rose le transforme en « cérat à la rose » pour les lèvres, tandis que l'eau de laurier-cerise en fait un « cérat calmant ».

Une substance pleine de ressources

Caractérisée par un point de fusion à 62-66 °C et malléable dès 35-40 °C, la cire se prête, par ailleurs, à d'innombrables usages. Des recettes de ménage nous sont parvenues, qui attestent son importance dans la vie domestique de nos aïeux. Par exemple, il n'était rien de plus facile que de fabriquer un encaustique pour meubles et parquets avec de l'essence de térébenthine et de la cire, ou de préparer soi-même ses crèmes pour chaussures. Rien de plus aisé aussi que de confectionner un mastic pour les fûts avec du suif, de la cire et des cendres. D'autre part, un mélange bien dosé de cire, de vernis noir pour les meubles et d'essence de térébenthine donnait un excellent cirage pour les harnais.

Cierges et bougies

Les bougies furent introduites en Europe vers le VIIIe siècle par les Vénitiens qui en avaient emprunté l'usage à l'Orient. Elles étaient, pour la plupart, fabriquées avec du suif pour éclairage, les bougies en cire étant réservées aux classes aisées. Au XIXe siècle, la découverte de l'acide stéarique par Eugène Chevreul leur porta un rude coup. Puis, l'emploi

En haut
Image des années 1890. Pour préserver les murs contre l'humidité, on les enduit de la composition suivante : cire jaune 200 g, essence de térébenthine 4 kilos.

Ci-contre
Qui se souvient encore du cachet à la cire sur les lettres d'antan ?

successif du pétrole, du gaz et enfin de l'électricité devait les reléguer au rang d'objets superflus. Quant aux cierges liturgiques que l'on brûle dans les églises, ils étaient autrefois exclusivement en cire d'abeille. Aujourd'hui, comme les bougies, ils sont le plus souvent en paraffine.

Ci-contre
La cire est une matière d'autant plus fascinante que les abeilles cirières doivent ingérer entre 10 et 20 kg de miel pour fabriquer 1 kg de cire.

Quelques recettes…

Qui ne s'est un jour essayé à confectionner de moelleux caramels ou un délicieux pain d'épices ? Mais d'innombrables plats salés intègrent aussi le miel à leur composition, et leur saveur offre à nos papilles de nouveaux horizons…

Quelques recettes…

Jambon au miel

Pour 6 personnes
1 jambon précuit de 2 kg,
10 cl de whisky,
5 cuil. à soupe de miel liquide,
10 clous de girofle,
1/2 cuil. à café de tabasco,
4 cuil. à soupe de poivre noir en grains concassé.

Débarrassez le jambon de sa couenne et piquez-le de clous de girofle. Mélangez le miel, le whisky, le tabasco et le poivre, puis enduisez le jambon avec cette préparation. Faites-le cuire à la broche pendant environ 50 mn, en veillant à le badigeonner régulièrement avec le mélange au miel et au whisky.

Le jambon aura été préalablement mis à tremper dans de l'eau fraîche pendant 12 h, puis cuit dans de l'eau additionnée d'un bouquet garni et d'un oignon, pendant 40 à 50 mn ; il doit ensuite refroidir dans son eau de cuisson.

Magrets de canard au miel

Recette Darégal

Pour 4 personnes
4 magrets de canard,
2 cuil. à soupe de miel,
1 cuil. à soupe d'huile d'olive,
le jus d'un citron,
2 cuil. à soupe de sauce soja,
quelques gouttes de tabasco,
4 cuil. à soupe d'herbes de Provence,
2 cuil. à soupe de coriandre ciselée,
sel fin,
poivre blanc du moulin.

Dans un bol, mélangez au miel le jus de citron, l'huile, le tabasco, la sauce soja, les herbes de Provence et la coriandre. Salez et poivrez. Arrosez les magrets avec cette préparation et laissez-les mariner, au frais, pendant 1 h, en ayant soin de les retourner de temps en temps.
Égouttez les magrets, puis faites-les griller, environ 3 mn de chaque côté. Arrosez-les ensuite de la marinade et achevez la cuisson, pendant 5 mn, dans le four préchauffé (200 °C – th. 7).
Servez-les émincés en tranches et accompagnés de tomates à la provençale.

Sauce au miel

Pour 6 personnes
1 oignon finement ciselé,
1 gousse d'ail écrasée,
2 cuil. à soupe de miel liquide,
le jus d'une orange,
huile,
3 cuil. à soupe de vinaigre de vin,
1 cuil. à café de moutarde,
1 cuil. à café de tabasco,
2 pincées de sel fin.

Faites fondre l'oignon et l'ail dans un peu d'huile. Ajoutez tous les ingrédients.
Mélangez bien, puis laissez cuire sur feu doux pendant quelques minutes.

Cette sauce accompagne parfaitement les viandes grillées (porc, agneau, volaille).

Desserts au miel

• En lieu de sucre ou de confiture, garnissez le cœur des pommes qui doivent être cuites au four de miel et d'une noix de beurre. Un clou de girofle ajouté au miel en rehaussera la saveur.

• Pelez des poires, prélevez un chapeau sur chaque fruit, retirez soigneusement le cœur et garnissez la cavité avec du miel liquide. Replacez les chapeaux et faites cuire les poires une vingtaine de minutes à la vapeur, sur feu doux, après avoir eu soin de les parsemer de cassonade et d'ajouter un morceau de cannelle à l'eau de cuisson.

• Coupez des pamplemousses en deux. Séparez les quartiers de chaque moitié au couteau. Arrosez de miel liquide. Passez les demi-pamplemousses sous le gril du four pendant 10 mn. Servez chaud, décoré de cerises confites.

Cette recette des plus simples peut aussi être réalisée avec un ananas, coupé en quatre.

• Pour arroser une salade de fruits, voici un sirop à la californienne : dans une casserole, mélangez 15 cl de vin rosé, 4,5 cl de miel clair liquide, 1,5 cl de jus de citron et 15 cl d'eau. Ajoutez 2 feuilles de laurier. Portez à ébullition, sur feu doux, puis laissez frémir quelques minutes. Retirez les feuilles de laurier et arrosez la salade avec ce sirop.

• Comme en Grèce, servez un bon fromage blanc avec du miel liquide aromatisé.

• Des châtaignes bouillies ou des noix concassées mêlées à du miel liquide constituent un dessert revigorant.

Omelette au miel

Pour 4 personnes
6 œufs,
4 cuil. à soupe de miel liquide,
75 g de raisins de Smyrne,
les cerneaux de 6 belles noix,
50 g de beurre,
10 cl de rhum ambré,
sel fin.

Faites tremper les raisins secs dans la moitié du rhum, pendant 30 mn. Battez les œufs avec une pincée de sel, puis faites-les cuire en omelette dans 25 g de beurre. Glissez aussitôt l'omelette dans un plat de service chaud. Répartissez à sa surface les cerneaux de noix pilés et les raisins égouttés. Arrosez avec 2 cuil. à soupe de miel. Repliez l'omelette sur cette garniture. Parsemez-la avec le reste de beurre en noisettes, avant de la napper avec le reste de miel. Arrosez avec le rhum restant et faites flamber.

Pain d'épices

150 g de miel liquide,
250 g de farine,
20 g de beurre,
1 verre de lait,
le zeste d'une orange râpé,
1 pincée d'anis écrasé,
1 pointe de bicarbonate de soude.

Mettez la farine, le zeste d'orange, le bicarbonate et l'anis dans une terrine. Mélangez bien. Versez

dessus le miel, peu à peu, sans cesser de remuer. Ajoutez le lait, en remuant jusqu'à ce que la pâte fasse ruban.
Transférez celle-ci dans un moule rectangulaire bien beurré. Faites cuire à four doux, pendant 1 h.

Poires au miel

Pour 4 personnes
4 belles poires
(Beurré Hardy, par exemple),
3 cuil. à soupe de miel d'acacia,
30 g de cerneaux de noix concassés,
75 g de raisins de Corinthe,
30 g de beurre,
les deux tiers d'un verre de vin blanc moelleux.

Pelez les poires. Prélevez sur chacune un chapeau de 2 cm de haut environ. Retirez le cœur des fruits. Mélangez le miel avec les noix et les raisins secs, puis garnissez-en la cavité des poires, que vous placerez dans un plat beurré. Arrosez de vin. Replacez les chapeaux sur les fruits. Faites cuire à four chaud pendant environ 15 mn, en veillant à arroser régulièrement la préparation avec le jus.

Ce dessert se consomme tiède ou froid.

Pain américain

2 cuil. à soupe de miel liquide,
quelques fruits confits,
250 g de farine,
20 g de beurre,
125 g de sucre en poudre,
1 verre de lait,
1 cuil. à café de bicarbonate de soude.

Mettez la farine tamisée dans une terrine, creusez un puits et déposez-y le sucre et le bicarbonate. Mélangez bien. Ajoutez le lait. Travaillez la pâte pendant 15 mn, puis laissez-la reposer pendant 1 h. Ajoutez alors le miel et les fruits confits coupés en petits morceaux. Malaxez. Versez la pâte dans un moule rectangulaire bien beurré. Faites cuire à four doux, pendant 1 h.

Ce pain ne se consomme que le lendemain.

Biscuit au miel

100 g de sucre en poudre,
100 g de miel,
125 g de farine,
1 sachet de levure,
2 œufs entiers,
3 blancs d'œufs,
10 g de beurre,
lait.

Mélangez le sucre et le miel. Ajoutez successivement les œufs entiers battus, la farine et la levure, puis autant de lait qu'il est nécessaire pour obtenir une pâte homogène. Enfin, incorporez délicatement les blancs d'œufs montés en neige.
Versez la pâte dans un moule à cake beurré. Faites cuire à four doux, pendant environ 30 mn.

Sablés au miel

150 g de miel,
300 g de cerises confites,
125 g de sucre glace,
250 g de beurre,
1 œuf entier,
1 blanc d'œuf,
500 g de farine.

Mettez la farine tamisée dans une terrine, creusez un puits et déposez-y l'œuf entier et 240 g de beurre en noisettes. Travaillez la pâte à la main. Ajoutez le miel et continuez de la travailler jusqu'à ce qu'elle soit homogène. Abaissez la pâte au rouleau. Découpez des cercles de pâte à l'emporte-pièce et placez-les sur la plaque du four beurrée. Mélangez à la fourchette le blanc d'œuf et le sucre glace. Badigeonnez chaque sablé avec ce mélange et placez dessus une cerise confite. Faites cuire à four doux, pendant environ 20 mn.

Biscuits au miel

140 g de miel,
140 g de sucre en poudre,
180 g de beurre,
6 jaunes d'œufs,
350 g de farine,
1 citron non traité,
2 pincées de cannelle,
1 clou de girofle pilé,
1 cuil. à café de bicarbonate de soude.

Dans une casserole, portez à ébullition le sucre et le miel. Mettez la farine tamisée dans une terrine, creusez un puits et versez-y le contenu de la casserole. Mélangez jusqu'à complet refroidissement. Battez 5 jaunes d'œufs avec 170 g de beurre, le bicarbonate, la cannelle, le clou de girofle, le zeste râpé et le jus du citron. Ajoutez le mélange au contenu de la terrine. Travaillez bien le tout jusqu'à obtention d'une pâte homogène. Abaissez la pâte au rouleau sur 1,5 cm d'épaisseur. Découpez des cercles de pâte à l'emporte-pièce, dorez-les au jaune d'œuf, puis placez-les sur la plaque du four beurrée et farinée. Faites cuire à four modéré, pendant environ 20 mn.

Ces biscuits seront meilleurs un à deux jours plus tard. Conservez-les dans une boîte en fer hermétiquement fermée.

Nougat au miel

500 g de miel,
500 g d'amandes douces,
des feuilles de pain azyme,
2 blancs d'œufs.

Mettez le miel dans une casserole en cuivre et faites-le cuire sur feu doux, en tournant jusqu'à ce qu'il soit prêt à caraméliser (40 °C). Réduisez alors le feu et ajoutez les blancs d'œufs montés en neige. Hors du feu, remuez pour que le mélange prenne consistance. Incorporez les amandes, brisées. Versez dans un moule carré huilé, tapissé d'une feuille de pain azyme. Recouvrez d'une autre feuille. L'ensemble doit avoir 2 à 3 cm d'épaisseur. Laissez refroidir avant de démouler.

Vous pouvez ajouter des pistaches ainsi qu'un parfum (vanille, citron, etc.).

Caramels au café

Pour 50 à 60 caramels
225 g de sucre en poudre,
125 g de miel,
50 g de beurre,
1 cuil. à soupe de lait,
1 petit verre à liqueur
d'essence de café,
huile.

Mettez le sucre dans une casserole. Ajoutez le miel, le lait, l'essence de café et le beurre fondu. Faites chauffer le mélange sur feu doux, sans cesser de remuer, jusqu'à obtention d'une pâte lisse. Versez dans un moule à caramels préalablement huilé. Laissez refroidir avant de démouler.

Caramels au chocolat

Pour 40 à 50 caramels
125 g de chocolat noir,
125 g de miel,
125 g de sucre en poudre,
125 g de beurre,
2 cuil. à soupe de lait,
huile.

Faites fondre doucement le chocolat au bain-marie. Lorsqu'il est fondu, ajoutez-y le miel, le beurre, le sucre et le lait. Mélangez bien, puis faites cuire sur feu doux, jusqu'à obtention d'une pâte consistante et homogène. Versez-la dans un moule à caramels huilé. Laissez refroidir avant de démouler.

Pastilles au miel

300 g de miel,
1,8 kg de sucre en poudre,
100 g de glucose.

Mettez les ingrédients dans un poêlon, avec 150 g d'eau. Portez à ébullition, sur feu doux, tout en remuant avec une cuillère en bois. Écumez, puis faites cuire au grand cassé : à ce stade, des gouttelettes de sirop jetées dans l'eau froide deviennent dures et cassantes, mais non collantes. Coulez alors le sirop sur un marbre huilé et découpez les pastilles à l'emporte-pièce. Laissez sécher. Conservez les pastilles dans une boîte en fer hermétiquement fermée.

Un « vin merveilleux aux épices »

« On met quinze livres de miel dans un récipient de bronze où on aura préalablement versé deux setiers* de vin, de façon à réduire le vin en faisant cuire le miel. On chauffe doucement sur un feu de bois sec, on agite avec une spatule pendant la cuisson. Si cela se met à bouillir, on arrête en arrosant de vin, mais le liquide retombe aussi quand on le retire du feu. Quand il a refroidi, on le remet sur le feu. On procède ainsi une seconde et une troisième fois ; on retire enfin du feu et on écume le lendemain. [On ajoute] alors quatre onces de poivre déjà pilé,

trois scrupules de mastic, une drachme de feuille de nard et une de safran, cinq noyaux de dattes torréfiées, avec des dattes ramollies dans du vin, en arrosant d'abord de vin de qualité et quantité convenables pour adoucir le mélange. Ceci fait, on verse sur le tout dix-huit setiers de vin doux. On traitera au charbon le produit obtenu. »
Apicius, *De re coquinaria*.
* Un setier = 0,547 litre.

Hydromel d'antan

5 kg de miel pur,
10 l d'eau filtrée.

« Faites chauffer l'eau ; lorsque le doigt ne peut y résister, ajoutez le miel d'une main pendant que l'autre agite l'eau pour opérer le mélange.
Écumez et remuez jusqu'à l'ébullition. Laissez réduire sur feu doux dans la proportion d'un quart.
Versez-le bouillant dans un récipient et laissez refroidir. Décantez en le transvasant dans un tonneau que vous placerez dans un endroit tempéré (16 à 10 °C). La fermentation dure un mois et demi environ et ne commence guère avant deux mois. Soutirez après fermentation, mettez en bouteilles ou en petit tonnelet et laissez vieillir.
Pour bien faire, il faut en faire tous les ans. »
Ate Colombié,
La Cuisine bourgeoise, 1906.

Pommade pour les mains à l'ancienne

250 g de farine d'amandes amères,
500 g d'huile d'amandes douces,
500 g de miel,
6 jaunes d'œufs.

Faites fondre le miel, puis pétrissez-le avec la farine et les œufs. Ajoutez l'huile d'amandes douces et continuez de malaxer pendant quelques minutes.

Pour obtenir de la farine d'amandes amères, on ébouillantait les amandes, on les pelait et on les faisait sécher avant de les piler dans un mortier jusqu'à obtention d'une fine poudre.

Pommades pour les lèvres

De longue date, la cire entre dans la composition des pommades utilisées pour soigner les lèvres gercées. Ces préparations étaient naguère encore confectionnées à la maison. On ajoutait à la cire vierge (12 g) de l'huile d'olive (66 g) et on parfumait le tout avec quelques gouttes de teinture de benjoin.
Une autre formule associait à la cire blanche de l'huile d'amandes douces, de l'essence de rose et un peu de carmin.
Une autre encore, dite « à la sultane », mariait cire blanche (2 g), blanc de baleine (2 g), huile d'amandes douces (200 g), eau de rose (20 g) et baume du Pérou (2 g).

Enfin, le beurre de cacao (4 g) pouvait aussi être allié à la cire blanche (12 g), à l'huile d'amandes douces (30 g), au blanc de baleine (4 g), à l'orcanette (8 g) et à quelques gouttes d'essence de rose pour composer une pommade des plus adoucissantes.

Bibliographie

E. ALPHANDÉRY, *Le Livre de l'abeille*, S. Borneman, Paris, 1922.

APICIUS, *L'Art culinaire*, éd. bilingue, trad. de Jacques André, Les Belles Lettres, Paris, 1987.

C. ARNOULD ET FILS, *Du Miel en abondance*, La Maison Rustique, Paris, 1947.

HANS BIEDERMANN, *Knaurs Lexikon der symbole*, 1989 ; adapt. fr., Le Livre de Poche, Paris, 1996.

YVONNE DE BLAUNAC, *Plaisir du miel*, Robert Jauze, Paris, 1987.

ALAIN CAILLAS, *Les Abeilles, source de jouvence et de vitalité*, Orléans, 1953.

D. CHAUSSEBOURG, *Le Miel, recueil de recettes simples pour l'emploi du miel dans la famille*, Chambre d'agriculture de l'Indre, Châteauroux, 1934.

PR. RÉMY CHAUVIN, *La Ruche et l'homme*, Calmann-Lévy, Paris, 1987.

JEAN CHEVALIER ET ALAIN GHEERBRANT, *Dictionnaire des symboles*, Seghers, Paris, 1969.

JEAN-FRANÇOIS CHÈZERIES, *La Santé par le miel*, M.A. Éditions, Paris, 1982.

JACQUES CHOQUET, *L'Apiculture simplifiée*, La Maison Rustique, Paris, 1978.

GENEVIÈVE CLAIR, *La Propolis et son intérêt actuel*, *in* « Parfums, cosmétiques, arômes » n° 26, mars-avril 1979.

MILA CONTINI, *Le Miel dans la cuisine*, UNAF-Revue, Paris, 1982.

CHANOINE CRAMPON, *La Sainte Bible*, Tournai, Belgique, 1952.

DR Y. DONADIEU, *Les Produits de la ruche*, Paris, 1981.

DR Y. DONADIEU, DR C. MARCHISET, *La Cire*, Maloine, Paris, 1984.

RAYMOND DUMAY, *Le Rat et l'abeille*, Phébus, Paris, 1997.

KARL VON FRISCH, *Les Insectes maîtres de la terre ?*, 1970, trad. fr., Flammarion, Paris, 1976.

FEDERICO GARCIA LORCA, *Poésies*, I, 1921-1922 et 1921-1927. Trad. d'André Belamich, Gallimard.

GONNET ET VACHE, *Le Goût du miel*, UNAF, Paris, 1986.

J. M. JEANTON LAMARCHE, *Essai d'une histoire de l'apiculture française*, Société centrale d'apiculture, Paris, 1981.

J. KALIFMAN, *Les Abeilles*, 1951 ; trad. fr., Éditions en langues étrangères, Moscou, 1955.

ARMAND LANOUX, *Le Berger des abeilles*, Grasset, Paris, 1974.

CHRISTIANE LEFFTZ-SITTLER, *Le Monde fantastique des douceurs alsaciennes d'antan*, Éditions Coprur, Strasbourg, 1985.

CLAUDE LÉVI-STRAUSS, *Du Miel aux cendres*, Mythologiques II, Plon, Paris, 1966.

MAURICE MAETERLINCK, *La Vie des abeilles*, Fasquelle-Grasset, Paris, 1901.

PHILIPPE MARCHENAY, *L'Homme et l'abeille*, Berger-Levrault, Paris, 1984.

FRANÇOISE NAHMIAS, *Soignez-vous avec le miel*, De Vecchi, Paris, 1978.

DORÉ OGRIZEK, *Le Monde à table*, Odé, Paris, 1952.

CARMÉLIA OPSOMER, *L'Art de vivre en santé, images et recettes du Moyen Âge*, Éditions du Perron, Alleur, 1991.

JEAN-FRANÇOIS REVEL, *La Sensibilité gastronomique de l'Antiquité à nos jours*, Éditions Suger, Paris, 1985.

ROBERT SABATIER, *Les Noisettes sauvages*, Albin Michel, Paris, 1974.

La Nouvelle Maison rustique, 1804.

JEAN SABOT, *150 Plantes mellifères*, La Maison Rustique, Paris, 1980.

ÉRIC VALLI ET DIANE SUMMERS, *Chasseurs de miel*, Nathan Image, Paris, 1988.

LAURENS VAN DER POST, *Le Monde perdu du Kalahari*, Albin Michel, Paris, 1962.

L'Abeille, l'homme, le miel et la cire, catalogue de l'exposition du musée national des Arts et Traditions populaires, Paris, 1981-1982.

Divers périodiques du XIXe siècle.

Des musées, des abeilles et du miel

- **Musée vivant de l'Apiculture gâtinaise,**
La Cassine, route de Chuelles,
45220 Châteaurenard.

- **La Cité des Abeilles,**
Chemin des Crêtes,
64110 Saint-Faust.

- **Musée de l'Abeille vivante,**
56320 Le Faouët.

- **Musée des Abeilles de la Roya,**
06430 La Brigue.

- **Musée de l'Abeille,**
62140 Bouin Plumoison.

- **The Quince Honey Farm,**
South-Molton,
Devon (Angleterre).

Remerciements

Eugène Charageat (Aubazine), Georges Faure (Saint-Germain-les-Vergnes), Michel Gacon (Gaec de Lozari, Belgodère, Corse), Jacques Gout (musée vivant de l'Apiculture, Châteaurenard), J. Lambert (Le Mas des Abeilles, Bonnieux), Christian Marion (Miellerie des Trois Abeilles, Saint-Nazaire-de-Ladarez), Jocelyne et André Nageotte (Le miel du Roussillon, Villeneuve-de-la-Raho), Vincent Péricard (La miellerie, Le Béal-Beurrières), UNAF (Union Nationale de l'Apiculture Française, Paris), Gérard Yung (Mellidor, Avignon).

L'éditeur se joint à l'auteur pour remercier monsieur Christophe Chambeau-Fouquet (Chocolaterie-confiserie Fouquet, Paris) et La Maison du Miel (Paris) pour leur précieux concours à l'illustration de l'ouvrage.

Crédits photographiques

Tous les documents de ce livre appartiennent à la collection d'Annie Perrier-Robert sauf :
© Paul Starosta, pp. 12 (h.), 14 (b.), 15 (d.), 20 (h.), 24 (h.), 25 (b.), 26, 27, 28 (h.), 36 (b.), 39 (h.-d.), 40 (b.), 42 (h.), 50-51 (fond), 59, 60 (h.), 62 (h. et b.-g.), 63 (b.-d.), 65 (h.), 69 (h.), 88 (g.), 90 (g.), 94 (b.), 102-103, 105 (d.), 106 (b.), 107 (h.), 108 (b.), 110 (h.), 112 (h.), 118-119
© Frédéric Vasseur, pp. 1, 6, 30-31, 44 (b.), 46, 49, 52-53, 56, 61, 65 (b.), 66, 69 (b.), 72, 75, 81 (b.), 83 (h.-d. et b.), 84, 86 (h.), 87, 88 (h.), 89 (b.), 92, 97, 98 (b.-g.), 100 (b.), 105 (g.), 109, 111 (b.-g. et d.), 113 (b.), 115 (d.), 117 (d.)
© Photothèque Hachette, pp. 2, 10, 12 (b.), 14 (h.), 17, 19 (b., g.), 35 (b.), 37, 38 (b.), 40 (fond), 43, 44 (h.)
© Bibliothèque Nationale, pp. 16 (d.), 22 (b.)
© Bibliothèque Forney, pp. 57 (b.-d.), 73, 76 (h.)
© Explorer, p. 33
© Éric Valli, p. 51
© G. Dagli Orti, pp. 4, 18 (d.)
© Giraudon, pp. 71 (h.)
© AKG : pp. 8-9, 11, 13 (b.), 18 (g.), 19 (d.), 41 (h.), 70, 85 (b.)
© DR : pp. 13 (h.), 15 (b.), 38 (b., g.), (57 (b., g.) et (b., d.), 73 (g.), 74, 76

Édition : Cécile AOUSTIN
Maquette : Brigitte RACINE
Photogravure : Euresys, à Baisieux
Imprimé en Italie par Canale, à Turin
Dépôt légal : 925-avril 2000
ISBN : 2.84277.223.7
34/1385/3-01